[海外客家研究叢書03]

「舊」娘？「新」娘？
馬來西亞砂拉越州
客家社群的婚姻儀式及女性

蔡靜芬◎著

中央大學出版中心 | 遠流

目錄

List of Tables

List of Figures

備註：

本書中使用的當地用語，除非在括號內及註解說明，皆根據客家發音以羅馬拼音寫出。馬來語或非華語方言以斜體表示。

本書中使用的中文字乃依據客英大辭典寫成。此書為Maciver, D. (1905) 所著，Mackenzie M. C. 於1926年修訂，由南天書局出版（臺北）。

《海外客家研究叢書》總序

蕭新煌

　　中央大學客家學院獲得李誠代校長的大力支持於2012年底正式成立「海外客家研究中心」，在中心的工作目標裡，明列出版《海外客家研究叢書》，以貫穿教學、研究和出版的學術三大宗旨。

　　「海外客家」，顧名思義是以原鄉中國和本國台灣以外的客家族群和社會做為研究對象。就客家族群歷史淵源來說，台灣客家也算是中國原鄉的「海外」移民客家，但客家在台灣經歷三百年的本土化、台灣化和國家化之後，已與台灣的新國家社會形成有機體。如此的國家化和「去離散化」的經驗乃構成台灣客家與其他全球客家很不同的族群歷史和政治文化樣貌。基於此，如果將台灣客家與其他海外客家進行比較研究的著作，當然也可以列入此一叢書。

　　到底「海外客家」有多少人？一直是人人有興趣、大家有意見，但彼此都不太確定的「事實」。偶爾會聽到的猜測竟高達8,000萬到1億，但根據1994年「世界客屬第十二次懇親大會」所公布的統計是6,562萬，似是比較嚴謹和實在的數字。在這6,562萬當中，中國原鄉大概有5,290萬、台灣有460萬，剩下來的812萬客家人口嚴格說來，就是本叢書系列著作要去探討研究的「海外客家族群」對象。

　　如何在這812萬海外客家裡，去做進一步的分類、理解和比較，恐怕也是見仁見智。我認為，至少也做以下的初步分類嘗試：

　　第一群是所謂海外華人集中的社會，即香港（125萬）、澳門（10萬）、新加坡（20萬）。在這三個社會裡客家族群（共155萬）如何形成、演變，並與其他華人族群如何相同相異，當是很有意義的研究主題。

　　第二群是亞洲和太平洋的海外客家，其總人數有360萬，僅次於

台灣的460萬，包括印尼（150萬）、馬來西亞（125萬）、泰國（55萬）、越南（15萬）、緬甸（10萬）、澳大利亞（4.3萬）、印度（2.5萬）、太平洋各島嶼（1.7萬）、日本（1.2萬）、菲律賓（6,800）和汶萊（5,000）。這些身處少數的亞太客家族群的變貌和如何維繫客家族群認同，及其與在地本土社會、族群和國家的種種生成、矛盾、辯證關係，即是有價值的探討課題。

第三群是北美洲和中南美洲的海外客家，共60萬。其中美國有28.4萬、加拿大有8.1萬，其餘的23.5萬則分散在秘魯、牙買加、古巴、圭亞那、巴拿馬和巴西等國。這些算是少數中的少數之海外客家族群經驗中，最難能可貴的恐怕就是如何去延續什麼程度的客家文化傳統和習慣的「微觀族群生活經驗」。

第四群是其他的海外客家，共28萬，包括歐洲的20萬和非洲的8萬。其中歐洲的英國有15萬、法國3萬，再次是瑞士、荷蘭、比利時，北歐的瑞典和丹麥也有少數客家人的蹤跡。至於非洲的模里西斯有3.5萬，算是可觀，南非有2.5萬，留尼旺約有1.8萬。

本叢書的目的就是計畫陸續出版有關上述這些分散五大洲，多達80個國家和社會海外客家族群之移民史、在地化歷程、「離散經驗」和維繫並延續客家文化認同的奮鬥和努力。

以上就是我做為本叢書總主編的出版想法和期許。

序

自我反思

　　書寫文化並不容易。我自從在大一修了「文化人類學概論」課程之後，學到很多。經過十二年，現在的我依然覺得這是一門複雜的學科，不只在書寫上，要理解文化脈絡下的實踐和意義也很困難。

　　一般廣義的「文化」是指，一個社會中彼此分享與傳遞的想法、價值和觀念，這些可以解釋經驗和產生的行為，並反映在行為上（Haviland, 2005: 32）。文化也有其他特徵：人們透過符號分享和學習文化，而文化本身是整合的、變動的（Haviland, 2005: 32-40）。文化涵蓋物質面與非物質面。物質方面，包括手工藝品、建築物、衣服、工具等；非物質面，包括信仰、禁忌、儀式，以及其他有象徵意義的事物。在大學上文化人類學概論課時我學到，文化存在是為了讓社會能和諧安定，能提供一套連結社會的規範和規則，使社會得以產生秩序。然而，在某種意義上，文化不是固定不變的，是動態的，會隨著時間流動和社會形態改變而變動。

　　我曾告訴一位朋友，我打算在博士論文中探討客家社群的女性。我想研究客家社群的婚姻文化和儀式，及其如何影響來自不同世代的女性。我的朋友是電腦工程專家，對文化人類學完全不懂，當他聽到我想做這個研究時非常支持我，鼓勵說這對我一定沒問題。因為我本身就是客家人，還是個女性，擁有這兩項條件，讓我很適合從事這個主題的研究。事實上，他看到的是我身為「圈內人」的立場：一名客家女性。

　　不過，我是把自己當成「圈外人」來蒐集資料，學習有特定方言和特定性別的社群文化。我們深入討論了關於我明顯的雙重身分：「圈內人」和「圈外人」，我發現這位朋友所謂的「容易」是來自他

認知的，我只要寫「我的文化的故事」就可以了。從某個角度看，他是對的，因為我確實是客家女性，也在從事客家婚姻儀式的研究，基本上這表示我在做與自己文化相關的研究，而他說我是用民族誌的方式寫故事也沒錯，因為民族誌書寫確實和敘述故事有相似處。

Narayan（1993）提出一些問題：要多「本土」（native）才是一名本土人類學家（native anthropologist）？人類學家又是多「外來」？她進一步寫到，外國的或外來的人類學家研究不屬於自身或不相關的他者時，必須努力學習認識陌生的文化世界。另一方面，土著的、本土的、圈內的人類學家，就是從一個關係親密的位置來寫切身相關的文化。然而，有人批評這樣的二分法，提出的理由是文化並非同質，且社會具有差異性。比如Aguilar（1981）和Messerschmidt（1981: 9）認為，是不是有所謂「真正」的圈內人值得爭議。他們反對將「本土」或「圈內」和「非本土」或「圈外」人類學家截然二分。

回到我之前的論點：我有多本土？一如Anguilar和Messerschmidt在他們的著作中指出，我永遠無法稱自己為本土人類學家或圈內人人類學家。不過，在我自己的國家，以及就我本身的華人血統或客家方言族群來說，我又能多本土？本土（native）和土著（indigenous）二詞常混為一談。根據很多人類學家如Narayan、Jones和Kumar所言，「本土」和「土著」這兩個說法有殖民意涵。已有人提出論點來取代圈內人／圈外人或本土／非本土的二分法典範：在一個社群和權力關係交織的領域中，以不同身分看待人類學家是較具意義的。人類學研究者與其研究對象的相同或相異之處（loci）不但多且不停（在之間）變動。因此，作為一名研究客家女性婚姻儀式的客家女性人類學家，要判定我有多「本土」或是我的「本土程度」（nativeness）是相當困難的。

我和我的研究對象客家女性有類似之處。首先，我們都是有客家血統的已婚女性，唯一不同的是我們的社經教育背景。如果說出我的

成長教育背景，或許可以幫我勾勒出一個清楚的圖像。我從小到大都住在城市，在馬來西亞砂拉越州的首府古晉長大，並在當地從小學上到中學，學校教的語言是馬來語，但也要學英文，有些同學會額外加修華語和阿拉伯文。之後，我到日本東京學社會學科，主修人類學。我很幸運得到日本政府的獎學金，在東京完成學士和碩士學位。在我成長的歲月裡，幾乎都在城市裡度過。我的父親經營一家雜貨店，替附近的社群辦外燴。雜貨店位在一個人口稀少的地區，距離市中心不遠。我的家庭可算是中產階級的底層。我一頭栽進學術領域，目前在當地一所公立大學擔任講師。就某些因素看來，特別是我的收入和職業，我想我現在是中產階級。

相較之下，我的研究對象客家女性和我的身分形成鮮明對比。這是我和我進行研究的社群最初幾次會面中大致得到的看法，不是來自我的想法，不過我承認，剛開始和她們接觸時我很小心謹慎，是因為她們的評論引起的。這些評論讓我非常不自在的知道她們會把我看成身分地位較高的人，我認為會有這樣的想法是因為，我是個想要研究這個客家女性社群的客家女性，但這其實是她們熟悉的主題，比我有更多的知識。

在田野調查期間，我盡力和當地社群建立關係，取得他們的信任。當我發現本身和研究對象的差距時，我必須隨時注意我說的每句話，以免不慎冒犯或傷害她們的感情。我不會小看她們，也不認為我的地位比她們高。其實我知道社經背景的落差讓我們之間有距離感，為了能和她們順利配合，我學會在和不同群體對話時轉換身分：研究者、學生、母親、講師。透過不同的角色，我能自在地和她們對話。

初次拜訪我的研究地點時，我在古晉客屬公會（Hakka Association of Kuching）蒐集到許多初步資料，他們推薦我去拜訪甲必丹（Kapitan）。甲必丹的意思是領袖，是正式場合和信件中經常使用的當地用語，廣泛用在所有少數民族之間。和甲必丹一起出現的是他的妻子，和其他幾位年長男性，我們第一次正式見面是在村落的大

廳，每個人都相當含蓄、有所保留。當時每位出席者大多用華語交談，雖然平常是用客家話對話，但當時因為我的關係，所以他們選擇將對話轉換成另一種語言形式。然而，隨著時間過去，同樣一群人跟我交談時不再用華語了，而是用他們每天說的客家話。畢竟客家話是他們共有的母語，一種他們習慣也自豪的語言形式。

田野調查期間，村民一開始用華語跟我對話，後來改用客家話，就這點而言，我心想我是不是可以叫做本地的人類學家？為什麼他們對我有不同的看法？我先前不是他們的一員嗎？還是我現在已經成為他們的一份子了？換句話說，我應該多本土，才可以是一位本地人類學家？如果是由來自同一地區和村落的客家母語者進行這項研究，或是由來自西馬來西亞、甚至其他國家（例如臺灣）的客家人來進行，看法會有什麼不同？如果他們符合客家人身分，是否也會被稱為本土人類學家？試想另一種可能：如果研究者是一位比達友（Bidayuh）人類學家，但說一口流利的客家話，也在村落附近長大，非常習慣且了解當地人和環境，包括他們的生活方式，這樣的人會比出生在城市的客家華人更符合本土人類學家的標準嗎？

馬來西亞聯邦憲法第一百六十條中，本地（native）這個詞是用來描述土生土長、原本住在馬國的人，包括馬來人。「本地」（native）也稱為bumiputra，意思是「土地的王子」（*bumi* = 土或地；*putra* = 王子）。事實上，bumiputra一詞是由已故的東姑阿都拉曼（Tunku Abdul Rahman）[1] 所創。馬來西亞（當時稱為馬來亞）獨立之後，他為了保護土著權利和當地人的權利，而給這群少數民族特別的地位。就如馬來西亞聯邦憲法第一百六十條規定，若父母其中一人為穆斯林馬來人，或是原住民*Orang Asli* [2]，或任何一個沙巴和砂拉越的原住民，其子女則可被認定為bumiputra（土著）。儘管其他兩

---

1 東姑阿都拉曼（Tunku Abdul Rahman）為馬來西亞第一任首相。
2 馬來半島的原住民。

個較大社群的華人和印度人在此地生活了好幾個世代，他們並沒有「土著」的身分。因此，當我使用本土人類學家（native anthropologist）這個詞時，必須強調讀者請勿將我所使用的native一字的兩個定義搞混：native（本土）意指人種的淵源，與native（土著）意指馬來西亞的公民身分。根據馬來西亞憲法，我的客家華人身分並非此國的土著（native）。然而，在我的研究脈絡下，若採取最簡易的種族表現形式，我可以被稱為一名本地人（native）。

因為本土（native）一詞可能會造成誤導，我進而討論使用「在地」人類學家（"local" anthropologist）一詞的可能性。我應該稱自己為一名在地人類學家嗎？尤其是在砂拉越，「在地」這個詞普遍用來指稱一個人所居之地，是個比較小規模的概念，通常是大小如村莊或鄉鎮一般的地方，不過，隨著說話對象的改變，這個定義也有所差異。舉例來說，當我在大富村，對著一名馬來西亞人或砂拉越人說我是當地的在地人，意思是我來自大富村或我是砂拉越人，通常也表示我既在大富村出生也住在那。若是和來自另一個國家的人對話，這句話的意思通常是指後者。在第二種情況，當我說話的對象不是來自馬來西亞時，「在地」這個詞是用來描述一個更廣大的地理區域。因此，我改稱自己為在地人類學家，意思是大富村是我的故鄉或我來自砂拉越，其定義要視對話對象而定。

這個研究的重點放在女性，而我本身就是一名女性。若是將我歸類至上述的人類學家之一，並將女性身分納入考量，我的「本土」和「在地」程度又有多少？倘若此研究是由男性研究者進行或研究主題的重點是男性，人們看待這件事會如何不同？相較於研究客家男性，研究客家女性會帶給我更多的困難、讓我陷入更加複雜的狀況嗎？身為女性，會使我有更多機會進入女性的生活領域嗎？Margery Wolf（參看Wolf, 1968, 1989, 1990, 1992）這位熱忱的女性漢學研究者，在她研究臺灣女性的許多相關著作中寫到，作為一位女性人類學家，以及一名人類學家的妻子，確實讓她有寶貴的機會可以深入觀察其他女

性的生活。

Delmo Jones（1970）寫到，本地人可以得到內幕消息，意思是身為其中一員，他們比較了解自己的生活。亦如Narayan所提，本地人身分（native identity）有助於導正「誰有權代表誰」這樣根深蒂固的權力失衡。我贊同Narayan所說：在人類學的研究中，為了建立一個友善的合作關係，與當地人打交道來換取他們的信任是很重要的。也唯有此時，資訊交流才能順暢且隨時可得。

我於前面詳述此議題時曾強調，初次見到大富村民時，我的目標是融入他們的日常對話中，如此，我們就能比較自在的面對彼此的存在。隨著日子一天天過去，我發現自己漸漸被他們的文化吸引，他們甚至將我視為朋友，不再是一個「外來的」研究者。確切地說，我和此社群變得相當契合，以致我的存在不再尷尬。換句話說，我越來越在地化，彷彿我住在大富村，不再引起村民的注意。事實上，我的長相仍一如初訪大富村時，因此，外表的原因即被排除。

除了和這個社群建立的人際關係，我相信是我和他們相處時的溝通、手勢與對話方式使我看來像他們的一員。我這樣說是因為我現在大部分是用客語和他們對話，見面時相互的正式稱呼減少了，取而代之的是朋友間的用語，熱情友好的電話溝通，以及毫無顧慮的想法交換。我們沒有注意到彼此的物質條件或身分地位，他們也對我隨時隨地的拜訪感到自在，即使他們在自家的廚房或農場，身上還穿著工作服。我發現，那條區分我們之間不同的身分與性格的透明界線已隨著時間消失。在這樣的情況下，我是否應該稱自己為我所研究社群的圈內人？但是做了幾年的田野工作是否就因此讓我有資格自稱為圈內人？我相信主要的問題是我對這些研究對象了解多少？我本人無法回答此問題，因為我無法衡量我對大富村的了解程度。或許該由此村落中歷練豐富的村民決定我是否真的表現得像個圈內人。然而，我個人認為最重要的問題是：身為一名客家女性人類學家，我是否可以代表她們？

Appadurai（1990）寫到，在當代商業、政治、遷徙、流動、生態和大眾媒體的全球性流動中，所謂道地的文化、界定之域或是異國風情之地三者之間的錯綜複雜關係已經被瓦解。Srinivas、Shah和Ramaswamy（1979）也強調圈內人與外來者的分類已經改變。Narayan（1993）更進一步指出，一個人可能有多重身分，可能公開或隱藏。我的情況是，與此社群一起時，我描述自己的方式，反映出別人對我的看法。我同意Narayan所說：當我們論斷人類學家是所研究的文化的圈內人還是圈外人時，每位人類學家都有一個可以變換的身分。在她的文章（1993）中，她對區別「本地」和「非本地」人類學家的固定方式提出反駁，如她所言：「我們與研究對象的異同處，不但多且不斷變動。」

我也有著可變換的身分。當交談對象是婆婆時，我是一名想要完成此專題研究的學生；對象是年輕媳婦時，我是在大學教書的職業婦女；與村落裡年長老人對話時，我是來自附近城鎮、想記錄傳統客家儀式的客家女兒；對話對象是年輕媽媽的丈夫時，我是個急於記錄下婚姻儀式的大學講師。根據不同的說話對象，我的身分很自然地轉變。我第一次造訪這個村落時，此區的社群代表天猛公（*Temenggung*）告訴村落長者和甲必丹，我是一位想了解客家傳統的大學講師。當甲必丹和他的妻子第一次帶我到村子四處看看時，他們也用同樣的方式介紹我。不過，在村裡進行幾週的田野調查後，我的一名研究對象——他是一位媒人、也是重要的資訊提供者（informant）——會用不同的方式介紹我，有時說我是他的學生，有時又說我是他的女兒。這樣說讓他覺得很得意，而我也必須承認，這樣的介紹使我有更多機會接觸到當地村落的生活。我必須說，我作為一名講師或研究者的身分到了此時已經減弱，我認為這與我的年紀有很大的關係。對很多村民來說，「講師」在客家話意思等同於學校的「老師」。我通常會被介紹是「在大學教書」，然而，村民就是無法記得，他們會一次次問我到底從事什麼行業。當我的介紹人或我自己說我在做一個專題

研究，他們就會點頭表示知道。

學術影響與家庭教養

因為進行這項研究，讓我開始了解到我竟然如此疏忽自己的文化。Srinivas（1976: 5）寫到「我的研究……會使我了解自己的文化和社會的根柢」。他在印度卡納塔克邦（Karnataka state）的一個多種姓制度（multi-caste）村落從事多年研究之後，學習到很多關於自己的文化。他的父親早年離開村落到城市，以便讓他的孩子接受教育。身為一個受過教育的城市居民，也是最高種姓婆羅門，雖然他的根在他所研究的村落，但是作為一名回歸家鄉的本地人，他對其他本地人會如何接受或拒絕自己提出疑問。一如很多我這代的人，我們是受過教育的都市人，在自己完成基本教育和中等教育的城市長大。容我再次引用Srinivas（1976: 18），他寫到「只有在此村落中，才能讓我了解到我離我的傳統有多遠」。

我的情況是，我從小就厭惡自己的客家人身分。我的父親經營一家商店，而我一直是父親的小跟班，隨著他到古晉的中央市場補貨。市場裡的人都是以客家方言對話，因此我知道他們是客家人。父親是客家人，但是我們在家不說客家方言，因為我母親是潮安（Chao Ann）人，她說的是福建話（Hokkien）。常和我膩在一起的所有同輩親戚都說福建話，所以我們在家很自然就會說福建方言。從我到市場的這些經驗中，我注意到客家人說話的語調都很大聲。因為那時年紀小，加上孩童早期的學習主要來自觀察，所以我對客家人產生不好的印象。在市場裡，他們言語粗俗，衣服邋遢。因此，與其他族群相比，我認為客家人十分討厭又髒亂；這可能導致我想將自己和客家人劃清界線的想法。更糟的是，這樣的感覺助長了我想要硬是抹去自己的客家人身分，或將其藏匿起來。當人們問我屬於哪一個方言族群時，我會回答：「雖然我是客家人，但是我們家裡其實不說客家話，

我們是說福建話。」這樣的說法一直持續到我上中學，大約17歲的時候。這是我否認客家身分的方式。我對客家人有一種負面觀感。客家人給我大致的印象是：他們是一群說話大聲、經常口出穢言、舉止粗魯、生活貧困的農民。這是我所見所聞以及幼時跟隨父親到市場的經驗所致，我相信與我有類似背景的人也跟我看法相同。

第一章　研究重點

　　此研究的主要重點在於客家社群的婚姻儀式，尤其是女性的部分。研究中，大部分是透過代表不同年代的年齡層的人，比較現在和過去習俗的異同，其中很多人是用回憶的，而且是透過一份有系統的自製問卷，述說她們過去的經歷。這樣的方法能讓研究的重點和預期目標一致，我也以此為依據，進行全面的調查和資料蒐集。

　　我特別感興趣，也是研究的重點是：現代的年輕新娘大多有工作，她們是如何影響婚姻儀式。一般人對儀式的看法通常是傳統、過時、落後。既然女性開始享有較多的就業機會和生活選擇，在人生特殊大事的舉辦方式或遵從方式上必然會有明顯不同。有越來越多女性可以選擇從事家庭以外的職業活動，其中大部分人會選擇長時間住在國外。雖然單身時是這樣，但到了決定結婚時，她們還是會回家鄉。最使我感興趣的部分是：離鄉背井在外謀生如何影響她們的想法？對她們的婚姻儀式產生什麼變化？我將這個現象稱為：職業新娘（working brides）對婚姻儀式的影響，是我研究的一部分。我的研究主要是探討這些女性從婚禮籌備到結婚當天的角色。

　　婚姻在華人家庭中是一件大事，不只對結婚新人意義重大，對雙方家庭也是如此。在這個盛大儀式的籌備階段，除了實際的準備工作，還有數不清的事情和責任要完成，其中很多是傳統儀式的舉行。很多人只是在過程中的某個時刻加入，參與者的範圍從直系親屬到整個社群都有。同樣的，新娘和新郎在婚姻中自有其重要的角色，但是，他們的角色重要到什麼程度呢？我對新娘從準備階段到婚禮當天所擔任的角色非常感興趣。我努力記錄下新娘是否自然地接納這樣的角色，或只是依其他相關當事人的指示照做？這些由職業新娘帶來的角色變遷，成了我的研究重點之一。

　　人們視婚姻為延續家族的過程，女性在婚姻上的主要作用是替丈

夫至少生一個男性後嗣，以延續他的家族姓氏。除了這個作用，新娘在嫁入的新家中，也有很多其他角色與功能，但是更有趣的是，在實際生活中，她的出現如何影響新家庭原有的家庭體制？新娘和她的新家庭成員關係的本質為何？特別是在女性成員之間。我很想知道她的加入，是如何影響家庭中女性的階級和家庭體制，這些女性有跟她一樣因為婚姻而加入的，也有原本就出生在這個家庭的。

研究問題的來源

2003年取得碩士學位之後，我的指導教授曾經問我，真正想要做的博士研究是什麼？我當時答不出來，可能過了太多年的學生生活和研究生活，所以我想，我需要給自己放個假。於是我決定回家，做短暫的休息，不過沒多久，我意識到自己想再做「事」的想法。指導教授堅持要我繼續做研究，他知道博士學位需要更多的時間和努力，尤其是精神上的挑戰，於是他鼓勵我研究我最感興趣的題目。我之前想過要進行與我切身相關的研究，後來就想到客家女性的主題，選擇研究女性在婚姻儀式和家庭體制下的角色。

我完整回顧了有關客家女性議題的文獻，發現這方面的資料取得不易。因為很少人做這方面的研究，出版作品非常有限。這樣的資料通常會被收藏在特定的研究中心，例如新加坡東亞研究機構（Institute of East Asian Studies in Singapore），或是馬來西亞的吉隆坡華人研究機構（Malaysian Chinese Studies Association in Kuala Lumpur）。當地的客屬機構內也有一所小型圖書館，我在那裡蒐集到一些資料。因為公開的資料實在太少，所以我就直接拜訪當地著名的學者和作家，才有機會獲得他們的私人資料收藏、新聞簡報以及參考書目。不過，正因為參考書目很少，因此砂拉越客家女性研究會是一個新的領域。在辛苦取得有限的參考書目後，我發現古晉附近住有一個客家社群，他們有著特殊的歷史背景，這會讓我的研究變得很有意義，於是我到了

大富村落。

　　在未曾探訪過的社群進行田野調查和蒐集資料，帶給我很多不同的挑戰。我來到這個社群時，幾乎不了解他們的生活方式，也不知道村民如何看待我在蒐集關於他們生活事件的資料，特別是涉及婚姻這類極私密的議題。

　　開始進行客家女性及其家庭地位的研究時，我發現蒐集資料相當困難，尤其是在女性家庭地位和權力的議題上。訪談期間常常有男性在場，他們會不時打斷或加入對話。訪問時，我以親切友善的方式開始和研究對象進行家常對話，這樣她們可能會樂於提供訊息。儘管我很努力，這些女性還是不願意討論細節。她們總是給我簡潔的答案，因為對多數的資訊提供者來說，這是統一的標準答案。

　　談到有關婚姻儀式的話題時，我發現男性比較無法參與，因為他們認為這是女性的話題。這些女性非常開心地分享她們在婚姻儀式方面的經驗，我觀察到，這是她們十分珍惜的一件樂事。我發現，透過想法和經驗的分享來蒐集資料容易許多。身為一位母親，也經歷過華人文化的婚姻儀式洗禮，我自覺如魚得水，可以運用本身大量的知識與經驗輔助與她們的對談；我也記得作為研究者，我需要蒐集資料的角色。因此，儘管遭遇到問題，我對客家社群婚姻儀式上的興趣，以及我在這個議題上的個人經驗，是我能繼續努力鑽研的動力。

田野調查及方法

　　進行社群的研究不只需要進入實際地點，也要廣泛閱讀文獻資料和找尋參考書目。我在開始博士研究計畫時做的第一件事，是尋找馬來西亞華人女性的文獻資料，及盡可能將研究區域縮小到砂拉越地區。文獻蒐集提供我許多歷史記載，包括華人抵達及聚落的議題。我發現許多華人移民歷史的相關文章，寫了很多關於華人女性從中國抵達砂拉越，也有很多人離開回到家鄉。華人移居砂拉越的歷史遷移引

起我的興趣，加上砂拉越最大的方言族群是客家人，驅使我做更深入的研究。

我拜訪了古晉幾個客屬公會找資料，也與客家機構的領袖見面。但就資料蒐集方面，這些會面都沒有多大收穫。我想知道的不只是歷史，還包括客家人現在的問題，特別是有關女性的部分。

總之，我拜訪了五個機構：嘉應客家會館（Kiaying Hakka Association）、大埔客家公會（Taipu Hakka Association）、河婆客家公會（Hopoh Hakka Association）、惠來客家會館（Hwelai Hakka Association）以及砂拉越客家公會（Sarawak Hakka Association）。其中有些熱心地詢問我來訪的目的，但有些人對我所做的研究——即客家女性研究——似乎興趣缺缺。我想起其中一所機構的會長，他以為我要訪問他們機構創建的歷史，於是通知所有的委員會成員，約定時間和我見面。但是當我在會議上告訴他們我是要研究客家女性時，他們的表情是既驚訝又失望。他們以為我是當地報社的外派記者，要採訪報導他們機構的歷史。有人冷笑著問我，女性有什麼好研究的？從他們的反應和想法，我相信他們覺得，和撰寫機構的偉大歷史與創立故事，研究或書寫女性相對不重要。在我解釋缺少女性相關的研究，以及女性是如何為了丈夫和家庭犧牲奉獻之後，他們才稍稍了解我的目的。事實上，他們同意我的看法：他們的女性同胞為家庭做了很多犧牲。

最後他們還是幫了一點忙，建議我去找研究砂拉越華人社群的專家，可以得到更多資料。不過，這些研究者沒有針對客家人進行研究，而是為了替機構宣傳才撰寫客家期刊或新聞。有時候，他們會幫我引見某些特定著名人物的妻子，我必須稱呼她們為某某拿汀（*Datin*）[3]。有些我認識的朋友也願意幫我安排與這樣「重要」的人

---

3 拿汀（*Datin*）是由馬來西亞州長或國家領袖授予的名譽頭銜，通常一名女子的丈夫若受封為拿督（*Datuk*），則她就會自動擁有拿汀的頭銜。男性的頭銜稱為拿督，但拿督也可以授予女性。

物見面。我接受他們的建議，並感謝他們的幫忙，同時，我也訪問了「比較不重要」的人物，因為我其實想找比較「一般」的客家女性。

那時，我已經讀了一些資料也做了文獻蒐集，了解砂拉越客家社群的分布。客家人分布在晉漢省（Kuching-Samarahan divisions），大多住在晉連路（Kuching-Serian Road）沿途上。我還是沒有見到任何一位「重要」人物，因為重要的人物太少，而且他們也無法代表我想研究的社群的真實情況。因此我選擇另一種方式，沿路拜訪晉連路上的客家村落。剛開始，我到新生村[4] 的區辦公處，希望蒐集到那裡的客家聚落和村落的基本資料。我到的時候區長剛好不在，他們要我隔日再去。隔天他們又告訴我區長到古晉參加一場緊急會議，不用說，我當然很失望，那裡的員工問我為什麼想與區長見面？聽我提到我的興趣是關於客家村落，想請教有關客家人的事時，他們建議我去找該區的天猛公（Temenggung），因為他會是最有幫助的人。天猛公是一位管轄地區的領袖，管轄範圍通常是一個行政區域，職位比甲必丹（Kapitan）[5] 高。那裡的員工好心給我天猛公的電話。於是，我馬上撥了電話，並和他約在該地的砂拉越人民聯合黨（SUPP）總部見面，SUPP是砂拉越華人主導的政黨。

然而，與那位天猛公和機構裡其他委員見面時的情況，一如之前的經驗，他們以為是接受記者的訪問。發現我只是一名研究者而不是要報導他們機構或地區的新聞記者時，他們又再度給我三個主要的客家村落新生村（Siburan）、來拓村（Beratok）和大富村（Tapah）的甲必丹連絡電話。我在打電話之前親自去看過這些地方。經過審慎考量，我最後選擇大富村落作為研究地區。因為它的人口約2,400人，很適合我的研究。三個村落中，大富村的人口數介於中間，另外兩村的人口分別約為5,300人和1,600人，理所當然的，我選擇人口規模適

---

4 新生村是位於晉連公路旁的一個行政區。
5 當地用語，指村落領袖，負責記錄其管轄區內的結婚和死亡資料。

當的地點做研究。更重要的因素是，大富村的客家社群生活方式、歷史背景以及資料較容易獲得。

第一次拜訪大富村與甲必丹時，他是我拜訪的所有村落中，唯一一位帶著太太一起出現的人，比起相對安靜害羞的甲必丹本人，他太太非常坦率直言，在當地似乎人脈頗廣。由於我的研究重點是客家女性，甲必丹妻子的出現，以及她對這個社群的豐富知識，讓我確定選擇大富村作為研究地點，因為我知道她會是個機敏、有助益的資訊提供者。

我用各種方法從受訪者身上蒐集資料。我進行田野調查，不停走訪大富村落與村民見面，進行訪談，參與他們日常活動並仔細觀察。2005年12月到2006年4月間以及2006年11月到2008年4月間，我每週固定花三到四天到大富村。我在田調期間的2006年5月到10月間休息了六個月，因為當時我正準備生第二胎。這段期間我避免到村落並不是因為健康因素，主要是大富村有些關於孕婦的各種不同信仰，使我覺得在村落裡不受歡迎。我感覺到相當強烈的負面態度，因而不想冒犯村民。這樣的信仰與孕婦擁有的「力量」相關。我在第五章會討論新娘在婚禮當天的力量，還有死者的力量。

2007年2月我在大富村連續待了兩週，目的是要在田調初期，對村落的活動和生活步調有比較清楚的概念。我無法像一般人類學家，長時間日夜都與村民居住一起，原因是我在大學還有工作，我的孩子也都還小，需要我的照顧。不過我仍設法和村民保持連絡，維持親近的關係，我會盡量到訪村落，若長時間無法過去，我會打電話給受訪者，看看村裡有沒有什麼情況或消息。同樣的，有些村民來到古晉時也會打電話約我吃個午餐或喝個茶閒聊一下。

雖然我的主要興趣是在婚姻儀式，但我試著把研究範圍擴大，盡可能含括更多內容。大富村舉行節慶儀式時，當地人不但沒有禁止我參加這類活動，反而欣然接受，甚至堅持要我將那些活動錄下來。我參加並觀察像清明節、中元普渡、華人新年、元宵節以及大伯公遊行

這些慶典活動，這裡提到的慶典儀式，將在第三章做說明。由於本書的重點是在婚姻儀式和女性在家庭體制內的角色，因此我並沒有詳述與研究主題不相關的慶典活動。

如上所言，甲必丹夫婦是我的重要資訊提供者，當我到大富村時，他們也幫我引見了其他我應該會見和訪問的人。他們兩人是我和大富村社群成員認識的重要人脈。大富村民還是傳統的村落環境，生活模式長年不曾改變。從2005年10月到2006年3月這六個月間，我訪談了村落裡261個客家女性。訪談方式是用由68道問題組成的開放式問卷，題目主要涵蓋婚姻、教育、家庭背景、婚前儀式、婚禮、婚後的家事分工、對孩子的期望以及有關女性觀點的主題。訪談地點在受訪者家中，一次約一小時。我也用錄音機錄下對話中的重點，以利之後再做重點分析。我在訪談中鼓勵受訪者盡量說話，我的角色是訪問者，但以輕鬆的方式並穿插休息時間來鼓勵開放式的對話。對話時，我使用她們平時的語言或方言，通常是客語和中文交雜。

從訪談和對話中，我和受訪者建立起友誼，訪談後，她們也會將其他適合的受訪者介紹給我。相較於直接找不認識的村民，我發現大富村的社群比較容易接受這種方式。如果冒昧前去敲門，她們往往會拒絕陌生人，常常把這種行為聯想到推銷員上門。到受訪者家裡拜訪時，我也使用參與觀察法（participant observation method）來記錄她們的生活方式、活動、儀式或主要大事。我通常不會馬上寫下這些事件，因為這會令人起疑，只有在完成訪談離開現場之後，我才會寫下主要重點。

我也參與了在村裡進行的婚姻儀式，在這些儀式進行期間，我以閒聊的方式訪談參與者，取得他們對婚姻的看法。我使用錄影機記錄下婚姻儀式過程中發生的事件，以便做後續細節分析。

我記錄下的所有儀式中，最重要的資訊提供者是一位媒人。他在村落裡已參加過無數次的婚禮儀式。事實上，他一直是大富村婚禮的關鍵人物，因為他有著不同的角色：媒人、議婚者、雙方的中間人以

及婚姻儀式的主持人，他也是村民習俗規矩和禮俗儀式的顧問，備受尊崇。媒人的角色和重要性也是此研究的焦點之一。

限制與問題

任何研究都會碰到限制和問題。我沒有住在大富村附近，也無法長時間待在村裡，我每週往返，有時可能錯過和研究相關的重要活動或重要元素。不過，我盡全力與主要受訪者維持密切關係，我很信任她們，事實上她們對我的研究也很熱心，會跟我說在我不在時村裡發生的事件和消息。

經常往返村落讓我比較不像「圈內人」。假如能常駐當地，我相信那裡的社群會比較容易將我視為當地居民。就像前面提到的，我會想在整個田調期間留在村落，但工作和家庭讓我無法這麼做。

主要的問題之一，是缺乏和我研究相關的參考書目。砂拉越華人社群相關研究主要是在歷史方面，其中的作家和研究者包括田汝康（1953）、周丹尼（1990）和陳振聲（1981）。研究馬來西亞身分認同的研究者有李錦興與陳志明（2000）以及Sharon Carstens（2005）。名單不長是因為資料寥寥無幾。我的研究主要是依據其他國家的華人社群研究，例如香港（Nicole Constable, 1994）和臺灣（Margery Wolf, 1972）社群。

研究貢獻

我進行的這項研究，可能是此地區唯一、規模最大且主要重點放在客家女性的研究。這個研究有三個貢獻。首先，它對21世紀的東馬來西亞區域華人社群的民族誌，特別是記錄客家文化有很大幫助。迄今，大部分研究都已過時或只是處理歷史背景以及客家慶典活動的議題。第二，這是第一個馬來西亞華人女性的民族誌研究，它能促進當

代華人社群女性地位的深入了解。第三點，這也是東馬來西亞的第一個華人婚姻儀式的民族誌研究。我的研究出版時，會對華人社群的文獻作品集有所助益，更重要的是，此份有關東馬來西亞的婚姻儀式及客家女性地位的研究，可以在公領域中取得。

第二章　砂拉越州的客家女性和情況

研究目的

　　這是一個關於客家女性的研究。但是此一領域相當大，有許多可以探究的面向，若無法確定研究的重點，可能會因為野心過大導致說服力不足的結果。綜觀各個探討面向後，我的論點是，發生在當地脈絡下且經得起世代更迭和時間考驗的活動，是評估客家女性變遷的最佳指標。基於這項標準，我認為婚姻儀式是適當的研究主題，因為儘管時代變遷，婚姻仍然盛行。雖然過去的儀式舉行方式有所改變，但是基本元素還是存在；換言之，不同世代的客家女性有很多共通點和差異。造成這些變化的因素是什麼？女性的社會地位在過去和現在的社會及家庭體制下，有多少改變？

　　婚姻是華人一生中非常重要的大事，尤其是女性，因為婚姻是人生中的進展，目的是延續家族。華人社會以父系為主，家族延續是重要特徵。雖然婚姻儀式不變，但是使用的物品或進行的方式可能不同，像婚姻儀式中的各種用品、聘金以及擇定良辰吉日舉行的儀式等，可能會逐漸演變或改變做法。本研究的主要重點在於，隨著時代變遷，年輕新娘大多是擁有收入和外地生活經驗的職業婦女，這些新娘如何影響婚姻儀式？一般人對儀式的看法通常是傳統、過時又落後，但現代女性有較多的外部就業機會，有時甚至在國外，對她們而言，是否還存在儀式等於「傳統」的看法？離鄉背井在外地工作對她們的想法以及婚姻儀式有多少影響？新娘聘金（bride price）變多是不是收入增加或生活水準提升的反映？職業新娘和年輕一輩的新娘對她們的婚姻是否有較多的決定權？我認為這些問題是看出不同世代的大富村客家女性之間異同的關鍵，因為她們是這個社群中，曾經或正在經歷社會地位變遷的客家女性。

雖然華人社會以男性為主，但女性也扮演重要角色。人類學家或社會學家在從事這個領域的研究時，經常忽略這個面向。以大富村女性來說，她們參與社會活動的程度明顯增加，尤其是在教育和就業方面。進一步我將研究，在家庭和婚姻制度下，由有所得的妻子和女兒帶來的改變，以及如何影響她們的父母和年長一輩對她們的看法和態度。根據研究，父權控制已經減弱，除了兒子，女兒也帶薪水回家，女性對自己的婚姻大事開始會參與討論，這造成一連串家庭參與的改變，因而影響了村裡的婚姻和家庭體制。其他如經濟狀況、傳統文化、談判權力、面子問題等因素，也都對女性帶來某種程度的影響。

研究架構

大富村的客家社群有非常特別的歷史背景。首先，他們維持了和客家認同非常接近的身分認同。他們和目前研究中世界各地的社群有很多相似處，但某種程度上又有所不同，毫無疑問，這些差別也存在於每個社群中。我的研究著重在砂拉越三個村中的一個，他們的特殊之處在於是客家社群，而且村民曾被迫遷村。由於遷到大富村已半個世紀，因此住在那裡的客家社群多少有些改變。有關客家性別研究很少，很多學者寧可做整體客家族群的社會經濟和認同研究。可以說，客家女性研究目前還沒有人做，所以我才會做這項研究。

迫遷歷史

大富村的客家人曾被迫離開原居地遷到新村，村落外圍有籬笆牆，村內又受到監視並實施宵禁，因此處於邊緣地位[6]。這個遷村行動被稱為「鐵鎚行動」（Hammer Operation），超過7,600百名男女

---

6 1960年砂共暴動的高峰時期三個新村誕生：大富村、來拓村和新生村。大富村實際情況是處於邊緣地位，其他兩村並不在研究範疇內，故不表示看法。

老少在毫無預警之下被集中一處（Porritt, 2002: 1）。此行動的目的是要分裂共產黨的叛亂活動，政府懷疑大多數居住在這些特定地區的小規模華人農民是共產黨黨員或支持者（Porritt, 2002）。

第一波抵達婆羅洲西海岸地區的客家人，是十九世紀來自中國的金礦工（Porritt, 2002）。因當時的中國政局動亂以及貿易控管，有些人就開始逃往砂拉越。有人加入當時石隆門（Bau）的採礦公司（kongsi[7]）（Porritt, 2002），有人轉向務農，經營自己的小農場（陳振聲，1981）。相較於其他華人族群，一般認為這些客家人是較晚到者，因此，他們只好到更內陸的地區開闢疆土（Lee, 1970）。他們抵達當時，正是胡椒和橡膠等經濟作物成長的時期，更重要的是，他們得到布魯克（Brooke）政府的支持，得以開發大量土地發展農業（Lee, 1970）。1950年代，共產主義滲透到砂拉越，華人社群都變成共產黨員，尤其是活動集中在17哩一帶（今大富村所在地）的工人和農夫。由於共產黨開始壯大，砂拉越政府必須干預他們的活動，因此策劃了「鐵鏈行動」。如同Porritt（2002）所寫到，整個遷村行動是對華人生活缺乏了解，把他們想成異類份子，以不信任的態度看待他們的目的及動機（參看Jackson, 1970），政府沒有顧及華人社群的需求和問題，才造成了民眾的不滿（Porritt, 2002）。

一位年近70的女性村民敘述她所經歷的遷村事件。她記得關鍵性的1965年7月6日。她說：「不可能有人會忘記那天的！我們像動物一樣匆忙離家，他們要我們帶著食物和其他重要物品，就這樣。我仍然記得很清楚，我們那天沒有去農場工作。打包完生活必需品後，我先生、我、我們的四個孩子和小叔一家人，立刻走去規定的地方報到。我跟你說，那天之後，日子就完全變了。本來說只要待三天，然後變成一個星期，後來又再延長了幾個星期。從那時起，我們全都被迫搬離。沒錯，他們是給了我一個新的家，但是被迫離家的記憶猶新。你

---

7 華人移民者創立的自治組織，稱為公司（kongsi）。

能想像被迫離家、拋下一切的感覺嗎？」

另一位50幾歲的男性村民也經歷過這個事件，他說到：「那時候，我大概只有13、4歲，我記得有個鄰居深夜來找我爸爸談點事。通常沒有人會在那麼晚的時間到別人家拜訪，除非是有很嚴重的事情發生，比如有人過世或是與死亡有關的消息。我問爸爸發生了什麼事，他卻叫我去睡覺。第二天，我們聽到直升機的廣播通知，但我聽不清楚內容是什麼。當天爸爸叫我們待在家裡，他說學校停課。媽媽忙著打包，要我們也去收拾自己的衣物。我和姊姊直問發生了什麼事，但是大人都不回答，只是叫我們照做就是了。」

客家人並不樂於記得官方記憶以外的過去（Yong, 2006）。這裡的社群很少提到過去艱苦的生活，或許這表示他們已經接受現在成功克服一切而建立的新生活。Yong（2006）也發現他的研究對象中，很多不喜歡描述這段歷史，但是，我發現大富村的受訪者對過去的某些部分仍有美好記憶，尤其是遷村事件。Yong（2006）補充說，有些社群記憶長期受壓抑，一旦被解放，他們就會突然想起，我相信這些受訪者也是同樣的情況。當我主動挖掘他們最近的過往時，他們其實清楚記得那件永遠改變他們生活的事件。有些人當時的處境更加艱巨。就如一位約60歲的女村民說的，被迫遷村時，她懷有身孕，她說：「那年我剛結婚，懷第一胎。我當時想，為什麼會這樣？為什麼我的生活這麼苦？我那時有四個月的身孕，仍有害喜的現象。我們搭建的營地那裡有幾間店屋，有間商店的老闆娘對我很好，她讓我在店裡一個還算舒服的角落睡一晚。我想他們應該是可憐我是個孕婦，有很多人是睡在商店前面或臨時搭建的帳篷裡。我那時病得嚴重，很多老人和小孩也感到不適，真是折磨。但是痛苦並沒有很快結束，它持續了一段時間。」她清楚記得這件事，因為那是她人生必經的階段，也就是她兒子的出世。事實上，她很高興終於克服萬難，於是決定將兒子取名為「新生」，意思是「新的生活」。也許她想將注意力轉向剛出生的兒子，用這個新生命帶給她的快樂忘卻遷村的痛苦。然而一旦有

機會發表意見時，她可以明確記起她「被迫離家」的關鍵時刻。

迫遷的記憶傳到下一代。雖然如此，這裡大部分的客家人對遷村經驗大多保持沉默，因為他們覺得老想著那件事是沒有意義的，對生活沒有幫助（non-subject）（Yong, 2006），但這不表示他們已經完全忘記遷村歷史，仍然可以再現自己的歷史。一位年約40的男性村民說：「雖然當時我還沒出生，但是我不知道為什麼政府要那樣懲罰我們（社群）？只因為有些山老鼠[8]襲擊殺害了警察，其他人就要跟著受罰？我一直聽到大家說他們是怎樣被迫拋棄家園，農場動物是如何死去和遭竊，這就像是把人關在監獄，只是那不像一般的監獄，懲罰他們並剝奪其財產及權利。在我小時候，政府還執行宵禁，村民總是警告他們的孩子，最好不要告訴城裡的人說我們是大富村民，如果別人知道我們來自大富村，就會說我們是『山老鼠』。你看大家有多瞧不起我們！」這些是他譴責政府的強烈用詞，他本身不曾經歷過那段遷村事件，卻被迫成為承受這段不堪往事的下一代受害者。我問他，共產主義是否已經沒落，他說：「當然，現在再也沒有『山老鼠』了，但是也很難抹滅掉這段記憶，即使只是做惡夢，都要很多天才能忘記，對吧？更何況這是場漫長的惡夢？」

以上是大富村民的個人描述，清楚說明那決定命運的一天，事件名稱為「鐵鎚行動」，在那之後，他們住在一處新村，仍然繼續生活。當這樣的情感一經觸動，記憶就會再次被喚醒，雖事隔多年，他們還是能清楚記得這個事件。

女性的地位

不只在客家社群，客家女性在其他華人少數民族中也被認為是刻苦耐勞，她們在農業領域有很大貢獻。客家女性是唯一不纏足的少數族群，由此可知社群如何需要她們參與農務。她們的生活條件惡劣貧

---

8 'San Ló Chú' 山老鼠，指共產黨員。

困，和其他華人族群的女性不同，需要長時間在田裡辛勤工作。我認識一位在古晉市場街（Market Street）經營禮品店的年長潮州女性，她跟我提到，她的母親和一些鄰居來自中國，有裹小腳。市場街位在古晉的海唇街（Main Bazaar）上，是十九世紀初的主要街道之一，此地至今仍由當初主要的潮州和福建華人商人團體所主導。廣東人也是窮困的農夫，但是女性都纏足，只能在家裡工作。Erbaugh（1996）寫到，即使是出生富裕的客家女性也不可能綁小腳，而嫁入有錢人家的客家女性多半會繼續參與戶外勞動。在香港及馬來西亞的客家女性也比其他華人少數民族的女性更努力工作。Carstens（2005: 27）寫到，馬來西亞的客家女性在錫礦開採以及割膠產業中發揮很大的作用。相較於其他族群，馬來西亞蒲萊（Pulai）的女性被公認為勤奮參與農業工作，擁有特別「壯碩的後背」和「堅強的意志」（Carstens, 2005: 27）。

我引用1959年3月31日《砂拉越公報》的一則報導，這是關於三位砂拉越的拉惹（Rajah）的最後一位察爾斯·布魯克（Charles Vyner Brooke）的經驗。有一次，他騎著馬要從古晉往內陸時，偶然看到一名戴著大帽子的婦女正在田裡工作，因為好奇，他問了助理，那個婦女是誰？在做什麼？助理告訴他，她是名客家人，在田裡種蔬菜。此記載提供了客家女性參與勞役的證明。

女性與就業

現代華人女性勇於開始接觸外面的世界，參與外面的工作。相較於過去，現在的大富村有較多年輕女性參與有薪工作，其他族群也有同樣情況，但是把客家女性定義成經常出外工作、刻苦耐勞的獨特族群的想法依然存在。如Carstens（2005: 27）所提，這個刻板印象是因為，現在人們對客家女性的看法仍受到過去看法的影響，像是覺得她們貧窮落後。當時勞力需求很大，因此女性的參與是必要的。現在有

很多社會已經允許女性從事有薪工作，參與較多的公共生活。就如Constable（1996）所敘述的香港崇謙堂（Shung Him Tong）的客家女性，這與現代性和進步相關。

在大富村，有些客家女性從事有薪工作，其中有人到新加坡謀生。Constable認為這個現象是一種現代性和進步的形式，但是光有這些少數女性就等同於現代化和進步嗎？大富村民不是很贊同這樣的說法。客家女性不過是想到外地過更好的生活，即使這樣的薪水通常只夠她們在新加坡的開銷，只有把她們的工資換算成馬幣，薪水才算高。在外地工作的人很少匯錢回家，除非是逢年過節，比如華人新年、中秋節等等，女兒匯錢回家的可能性較高，不過金額不大。

一位50幾歲的受訪者，感歎她的孩子很少寄錢回家。她有五個孩子，三個在新加坡工作。我問她孩子們多久寄一次錢回家，她說：「他們怎麼可能常常寄錢回來？新加坡的食物和其他費用很貴。沒關係！孩子長大後有自己的世界，只要他們平安快樂就好，還有什麼好奢求的呢？」這樣的說法明確顯示以金錢收入來衡量的進步和現代化，並非客家女性出外謀生的主要因素。事實上，這可能跟她們過去刻苦耐勞的身分，以及女性外出工作的社會既定形象有關。

一般人總是認為刻苦耐勞是客家人、也是客家女性的天性。客家研究先驅之一羅香林的《客家研究導論》（1933）中描述客家人的特徵時，也提及客家女性的能力和地位。根據他的說法，客家人是一群樂在工作的人，不論男女，都視勤奮工作為一種生活原則（1933：243）。客家人未來的永續發展也仰賴女性勤奮努力的精神（羅香林，1933：241）。以下我引述羅香林的著作內容：

> 「客家婦女，因工作之繁重，故均黎明即起，深夜始眠；竟日勞作不輟，日日若此，年年如是，及養成習慣後，則終身不能改……婦女早把工作當作權利，當作生活本質；她們意識到勞動可以充實人生，勞動可以寄寓靈魂，她們的日常行動，既不

（無損）受意志的推動，完全受勤勞習慣所支配，勞作是受苦，她們是夢想不到的⋯⋯」（羅香林，1933: 242）。

范光宇〈臺灣農村客家婦女之母性生活與農業勞動之研究〉（1960）的研究中，把客家女性和刻苦耐勞做連結，因為農村客家婦女每年平均工作258天，媳婦工作的天數更多，只有在下大雨時才能休息。大富村也有同樣的情況，這裡的女性也是菜園的重要勞力來源，我把她們的耐勞性歸諸於她們的過去，因為她們是當時主要作物胡椒和橡膠的種植採割工作中所需的一部分勞役。就工作而言，她們的艱苦程度沒有什麼改變，儘管男性負責比較粗重的工作，比如整地，女性也是要每日耕作，長時間除草照料蔬菜，有時候還要一天內家裡農田來回跑兩趟。這樣的情況在較年長一輩中比較明顯，年輕一代已經可以選擇到新加坡等其他地方找工作，有些留在村落中沒有到外地工作的人，甚至自願婚後待在家中當家庭主婦。有些會從事較次要、體力需求較低的工作，比如在家裡幫忙，整理要賣的蔬菜，而不是在田裡工作曬大太陽。也有很多人會利用做完所有的家事後的空閒時間兼差處理燕窩，材料由村裡的商人提供。對很多人來說，客家女性刻苦耐勞的稱號可能是一種讚揚，因為她們被認為是勤奮節儉的好太太。不過，從另一角度看，這也可能意味著她們幾乎不花時間打扮，因此，相較於其他方言族群，客家女性的外表不是太吸引人。

家庭體制

在家庭體制中，客家女性擔任著多重角色，她們照料整個家庭及家人的幸福。羅香林（1992: 242）也提到客家女性的地位，她們要負責家庭的收支帳目和家事，包括照料農場。客家女性是家庭的中心支柱（羅香林，1992: 242）。除了臺灣，客家女性在家庭決策上幾乎沒有影響力，她們的丈夫則有較大的決定權，例如家裡的翻修，購買大

型家具，妻子工作方面的參與，以及每日家庭支出等等相關議題（莊英章與武雅士，1993；張維安，2001）。結論是，這樣自然地參與農場工作造成她們對家中的決策缺乏影響力。Heidheus（2003: 38）也同意此說法，他注意到加里曼丹（Kalimantan）客家人的性別角色界定是在農業活動上，而不是社群事務上，因為大富村女性參與社群事務的比例幾乎是零，但是她們的角色會超出農場工作或家務。

在大富村進行田調時，我必須跟村民對話，常出來和我打招呼、聊天的多為男性而非女性，這是初接觸時常見的狀況。招呼客人的角色以男性為主，女性為輔，女性基本上是聽從男性的命令。在馬來西亞，華人女性可以和任何朋友往來，例如跟男性聊天，但是從夫居制（patrilocal）讓男性的地位比女性高。在大富村進行家庭訪問時，我觀察到女性會離開客廳到房子後面或她們的房間，讓男人們和我談話，當男性和女性同時要回答我的詢問時，女性會在回答前先看看先生徵求同意。在我訪問70歲以上的年長村民時，這種情形特別明顯，每當我問女性受訪者問題時，先生或兒子會先代替她發表意見。

雖然女性的地位和角色在社群脈絡（communal context）下被大幅降低，不過，在家庭體制下的儀式中則不會妥協，即使是在從夫居制度下。Freedman（1957: 55）指出，雖然在新加坡男性擔負起經濟角色以及控制家庭的資源，女性在儀式上卻占有重要位置。結婚時，女性有較高的地位，而且對雙方家庭（她的家庭和先生的家庭）的事務有較多的控制權。這個現象在婚禮過程中相當明顯，女性會扮演確定過程按習俗開始及結束的重要角色。畢竟，她們很多是姻親的身分（例如婆婆或媳婦）。從擇定婚日當天開始直到婚姻過程結束，女性積極參與儀式的程度令人敬畏。就如同Freedman所寫：「她們身為母親，是下一代主要的照顧者和紀律的嚴格執行者。即使作為妻子和媳婦，她們也不單是男人的被動隨從。角色雖是從屬，但是她們不准男人做一位不能違逆的統治者。」

現有客家女性研究

有關客家女性的研究相當稀少。現存最完整可靠的著作大多是關於父權制度下的客家女性。張維安曾在他的論文中寫到，當他公開表明要進行客家婦女的研究時，同事稱許這個想法，因為此類型的相關研究相當稀少（張維安，2001）。但開始研究之後，他覺得困難重重，因為文獻資料不易取得。我在尋找馬來西亞客家社群的相關文獻資料時也碰到類似的問題，更不用說有關砂拉越客家女性特定議題的資料。雖有少量的現有資源，但多與歷史背景相關，比如移民和早期華人社群聚落，其中也包括客家人（參看周丹尼，1990；陳振聲，1981）。田汝康（1953）的研究中對殖民時期客家人的生活細節有較多的說明。

過去很多客家女性研究大多是描寫她們的形象，而非她們的想法（參看范光宇，1960）。之後開始出現較多著重在比較研究的作品，涉及的議題如女性的地位、婚姻、語言以及女性的參與就業。直至最近才有透過深度訪談（in-depth interview）和問卷等不同的研究方法，取得女性的個人觀點，使她們得以發表意見。這就是我從事此研究想從中獲取的東西——客家女性的聲音。

作爲一個方言族群的客家人

在我往下深入探討客家人的議題之前，先說明馬來西亞族群的不同用詞。我這裡用方言（dialect）一詞指稱客家語（Hakka）有其用意，我稍後會詳述族群議題及其對客家人的意義。我也探討了作為一名少數族群或方言族群的馬來西亞客家人的身分，以及在馬來西亞的多元族群社會中，客家身分認同若非強化，會是起何種作用？

馬來西亞有豐富的多元文化，劃分出的族群就超過40個，前三大族群是馬來西亞土著Bumiputeras（67.4%）、華裔（24.6%）和印度

裔（7.3%）。Bumiputeras在馬來西亞是土著社群，因此馬來人是主要的支配團體。馬來人和華人分布在馬來西亞各地，在砂拉越有將近30個族群，根據最近的2010年人口普查資料顯示，砂拉越的人口有247萬，由三大主要族群組成，例如Bumiputeras有1,759,853人，占總人口的71.22%；其次是華人，有577,646人（23.38%）；印度人有7,411人（0.3%）。在Bumiputeras中又以Iban族人數最多，有713,421人，占總人口的28.87%；其次是馬來人（568,113人，22.99%）、Bidayuh（198,473人，8.03%）、Melanau（123,410人，4.99%），其他是由Kenyah, Kayan, Lun Bawang, Penang, Kajang, Kelabit, Punan組成的Dayak族（156,436人，6.33%）。

砂拉越有11個行政區和首都古晉，古晉的人口有617,887人，由華人（36.6%）、馬來人（35.6%）、Bidayuh（12.4%）和Iban（10.9%）組成，其他4.4%的少數族群有Melanau, Kenyah, Kayan, Lun Bawang, Penang, Kajang, Kelabit, Punan、印度人，及其他馬來西亞公民和外國人。

在馬來西亞，中國人是屬於一個族群，其中包含很多族群，又稱為方言族群。在2010年的人口普查中，在砂拉越福州和客家占最多數。整體而言，有三分之二的華人在砂拉越，古晉最多的是客家人，有103,806人，幾乎占了古晉總人口的一半。單看古晉，客家人就占了砂拉越客家人口的58.8%，因此，在馬來西亞脈絡下，客家人是中國人中的方言族群。

Hakka（客家）一詞最早是指在中國不斷遷徙的一群人，是最後一批南遷至中國西南方的廣東定居中的一群。廣東的當地人被稱為廣東人。當客家人開始抵達時，他們不被視為移民者，反被稱為「客人」（guest）。「客人」一詞也許是廣東人用來描述「後到的人」，因為客家人後來才抵達，所以看來並不像屬於大遷徙的一部分。Hakka一詞也就一直沿用至今。

在華語中，他們被稱為「客家人」。華語在華人族群中易於識別

也為官方語言，但在學術界Hakka卻成了公認的專門用語，而非「客家」。我也尚未在相關文獻資料中找到使用「客家」一詞的研究。此外，甚至有Hakkalogy（客家學）這個字，用來指客家研究，與較常見的字Sinology（漢學）相似，用來指中國學科的研究。

客家人本身使用的「客人」一詞，似乎不是官方用語，而是廣東話版的Hakka，當時成了官方用語也沿用至今。我認為這是由於早期的研究是由西方人進行，當他們遇到移民到廣東的客家人時，並不知道是何種族群，但是在詢問占多數人口的廣東人之後，得到的是Hakka這個詞，此後，他們就在自己的文章中使用Hakka一詞。若當時他們詢問到的是客家人，普遍的用詞可能就成了「客人」，不過這種情況不可能發生。極少有人會直接問對方的方言背景，他們反而會去詢問第三方。在這個例子中，廣東人成了西方人和客家人的中間人。在當地脈絡下，砂拉越當地的原住民名稱或許也是源自於第三方。砂拉越在1841到1963年間，尚未加入馬來西亞聯邦獲得獨立之前，是由布魯克家族（the Brooke）和英國人統治。在詹姆士·布魯克（James Brooke）的政權下，英國第一次抵達砂拉越時，稱當地的原住民為達雅族（Dyak）[9]。根據伊班語（Iban language），Dyak的意思是「人」，馬來話為*orang*。伊班族（Iban）沒有自己真正的名字，但當他們相互溝通時，會使用他們的長屋地點說明自己的身分。達雅族人本身不曾使用Dyak或Dayak。這是外來者給予的名稱，但一直是公認的官方用語。

不斷的遷徙

客家人有著一連串不斷遷徙的歷史。根據著名的客家文史學者羅

---

9 'Dayak' 現在已取代 'Dyak' 一詞，為馬來西亞原住民族之一。達雅族（Dayak）又可分為陸達雅（Land Dayak），也稱伊班族（Iban）；以及海達雅（Sea Dayak），也稱比達友族（Bidayuh）。就如其名，這兩個族群分布於砂拉越不同的地理區域，比達友人集中在內陸地區，而伊班人多在沿海地區。

香林（1989）的研究，客家人歷經他所稱的「五次大遷徙」。第一次大遷徙是在四到九世紀之間。客家人從中國中部的河南開始遷往中國南方，即湖北、河南南方以及江西中部一帶。第二次大遷徙是唐朝的九世紀末到十二世紀，當時時局混亂，客家人開始從河南遷移到江西以及福建南方。第三次大遷徙發生在十二世紀初到十七世紀，由於蒙古人大舉南侵，他們跟隨著南宋的大批漢人南遷，越過長江逃至廣東的北部和東部。這些遷徙也等同遭受蠻夷攻擊導致他們逃往南方（Heidheus, 2003）。第四次遷徙發生在十七世紀中葉到十九世紀中葉，明末清初之際，他們移居廣東中部和沿海、四川、廣西、湖南、臺灣以及貴州南部。最後一次的大遷徙是在十九世紀中到1940年代，他們遷移到廣東南部、海南島以及海外地區。在這個時期，外國人較易達到海岸地區，而廣東就成了外來者通往中國內陸的入口。

客家人並沒有因此停留在廣東。從十七世紀開始，特別是在十八世紀直到十九世紀，中國開始經歷政治動盪和因資源減少所引起的饑荒，客家人因此離開中國到世界各地定居。Constable（1996: 37）寫到，太平天國之亂（1851-1864）時，大批客家人包括沒有參與暴動者都逃到中國南方，他們唯恐遭到政治迫害。約在同一時期，土客大械鬥（Hakka-Punti Wars, 1850-1867）和十九世紀末葉的動亂之後，為了逃離宗教和種族迫害，許多客家基督教會眾也傳出逃往香港、婆羅洲北方（現稱沙巴州）以及其他各地。

砂拉越州的華人

一般認為，早期華人是從婆羅洲的印尼行政區加里曼丹大批抵達砂拉越，當時是十八世紀金礦開採的高峰期（陳振聲，1981）。西婆羅洲最後因兩群主要的華人移民而人口大增：一是過去軍隊遠征或貿易遠行留下與當地人通婚者；二是想到此地謀求更好生活的廣東和福建省移民（陳振聲，1981）。來自中國的移民大多務農，尤其是客家

人，值得注意的是，這樣的背景讓他們除了開採金礦，還有自給自足的能力。公司制度（kongsi）是一種有組織的華人社會結構，目的是要保護華人的經濟利益和礦場控制權。荷蘭殖民時期，加里曼丹發生政治動亂及公司械鬥，許多華人移民開始外移，有些遷到砂拉越，這也許是客家人第一次從加里曼丹遷到砂拉越。

我引述陳振聲的假設：這些華人可能是從加里曼丹的三發（Sambas）穿越邊界到達砂拉越，在那裡建立最早的小規模華人聚落。但是在金礦開採的全盛時期，大批華人族群移居到砂拉越的石隆門，振興了這裡的公司制度（陳振聲，1981）。當時這些公司在布魯克政府的統治下受到壓迫，因為政府怕他們可能變得很難控制。因此這些公司必須繳稅、沒有很多權力，也怕歐資新建的敵對公司婆羅洲公司（the Borneo Company）會剝奪他們的金礦開採權（陳振聲，1981）。此時，祕密會社開始壯大，目的是要擊退政府行動和奪取更多鴉片、槍枝和彈藥的貿易控制權。1857年，他們發動一場對抗古晉詹姆士‧布魯克政府的叛亂，但最後被鎮壓而撤回到石隆門。叛亂之後，拉惹開始重視華人，也了解學習與不同族群交涉的外交手腕很重要。他邀請華人移民開辦農場計畫，這可能是促成第一批客家華人來到大富村地區的原因。

客家身分認同研究之文獻回顧

我認為有六個做得最好的客家身分認同研究，這些研究包括了五個國家。它們解釋了不同地理區域中客家身分認同的異同。Elizabeth Johnson（1996）和Nicole Constable（1996）探討兩個不同村落的香港客家人，以及在建立客家身分認同上，地方性（locality）和宗教的重要性與相關性。Howard Martin（1996）是研究臺灣客家人，Mary Erbaugh（1996）則研究中國客家人，Ellen Oxfeld（1996）研究更往西走的印度客家人。Sharon Carstens（2005）研究馬來西亞蒲萊

（Pulai）村落的客家人，她分析現代馬來西亞客家人的社會和文化模式與中國的關聯。我的研究大量引用他們的作品，因為這些研究對客家人有最詳盡的探討，我把這些研究個案和大富村的客家人做比較，來判定這些團體在身分認同上是否有相似性。

關門口村落的香港客家人：Elizabeth Johnson（1996）

Johnson研究重點放在香港新界關門口村客家人的身分認同。關門口是由20位說客家話的村民組成的複姓村落，當時併入以說廣東話為主的工業城市荃灣（Tsuen Wan）。Johnson問到住在香港新界的客家人，由於他們的祖先在十八世紀就在新界定居，而且一開始就被認為是punti（本地人），也就是「土生土長」的新界人，那對他們來說身為客家人有何意義？然而，punti一詞是指說廣東話的本地人，關門口村民稱自己為「本土人」（benturen）：土生土長的人。

關門口的客家人不認為客家身分認同很重要，也不認為他們是「客人」，但是這仍是加爾各答客家人所維護的觀念（Oxfeld, 1996）。也不像在崇謙堂的基督教客家人，關門口客家人不積極捍衛他們的客家身分，也不認為這樣的身分見不得人或是需要保護。一如臺灣客家人的情況，並沒有採取政治行動的理由（Martin, 1996）。

地方性是關門口客家身分形成的因素，更重要的是荃灣的歷史背景、社會組織、政治脈絡。是「本地人」、「本土人」或荃灣人的身分，決定了他們的福祉。本地人或荃灣人的身分是他們獲得經濟和政治利益的原因。他們很少使用客家語，所以客家習俗在沒落，但是他們還是會把自己和客家身分做連結，而且認為自己是客家人。這是為了維持他們自己和不同方言族群在文化上的差別，主要表現在私人和家庭儀式上。事實上，客家身分認同對關門口村的客家人影響不大，因為它只不過是一種方言身分上的形式而已。

崇謙堂村的香港客家人：Nicole Constable（1996）

崇謙堂位於新界東北方，是個由客家基督徒建立的村落，比起關門口村的客家人，這裡的客家人有更強烈的客家意識。這個村落最初由一個有權勢的廣東家族占據，這裡的客家人透過性別角色和客家基督徒的墓地建築，在語言和符號上表現出他們的客家身分。然而，他們對自己的客家身分和基督徒身分感到羞恥。在他們居住的狹小村落中，客家人很常見，村民經常互相遇到，會以基督教的價值觀來表達他們的客家身分。至少在三個重要面向上，基督教影響了客家身分認同：一、是它創造了一個重視客家身分的社會脈絡；二、是它提供了一個維持客家身分的原因；三、是它影響了客家人身分認同的可能形式。堅持客家身分是可以連結其華人身分和基督徒身分的方式。

蒲萊村的馬來西亞客家人：Sharon Carstens（2005）

蒲萊的客家村民是在十七、八世紀移居到馬來西亞的客家男性的後代。早期到此的客家人是為了金礦開採，很多人失敗後轉而種植稻米勉強過活。在多元種族文化的馬來西亞，作為方言的客家身分與更廣大的華人身分相形見絀。然而，某些社會和文化模式仍可被認定為客家人，因為其中有很多是其他的方言族群共享和遵循的。蒲萊村客家人的三個明顯特徵為經濟保守、主張人人平等的政治觀點，以及特殊的性別角色。Carstens的研究相當有趣，她設法找出有多少特徵是從中國傳過來的，又或者是蒲萊的鄉村社會經濟環境塑造了他們的身分。我在此要引述布爾迪厄（Bourdieu, 1977）「慣習」（habitus）的概念，Carstens應用在她的研究中，並說明為什麼種族文化模式不是只用種族身分就能清楚表達。可以用馬來西亞客家人來證明這個論點，因為儘管馬來西亞的客家人不會強調客家方言族群的差異，但客家文化模式卻已經產生，慣習的概念決定了大富村民客家的身分。我會在之後的段落詳細探討這個部分。

加爾各答的印度客家人：Ellen Oxfeld（1996）

華人社群在印度加爾各答為少數民族，那裡的客家人是印度三個華人族群中最大的一個。十八世紀末，客家人開始陸續到達此地。Oxfeld的研究對象是客家製革工人，他們於第一次世界大戰時才開始抵達，自此一直從事鞣皮工作。Oxfeld提到，我們必須考慮到更廣大的國家和地區的政治脈絡、分層的經濟情況，以及主要由印度教的純淨與污染的觀念所組成的主方社會（host society）的社會宗教原則，才能深入了解那裡的客家社群。Oxfeld作品的重點多放在客家人與其他華人，及更廣大的印度族群的比較和看法。這裡的客家人仍將自己定義及認同為客家人，並且在自己與其他華人之間維持清楚的區別。Oxfeld指出加爾各答的客家人表露出一種有等級制度的「他者性」（otherness），例如他們會稱呼非漢人為「鬼」，非客家人為「佬」，稱自己本身為「人」。

大富村的客家人也會使用不同的詞語將自己和華人社群做結合或區分。非客家人的華人一般被稱為「佬」，他們會特別稱「潮州佬」，而福州人則是「福州佬」。雖然他們使用異己的詞語稱呼其他社群，但是不會像加爾各答的客家人稱呼非漢人為「鬼」，他們會用一個通用詞「拉子」泛指所有不同的原住民達雅族族群，不管是比達友族、伊班族或內陸民族（Orang Ulu）。馬來人被稱為「番人」。客家人對族群的描述帶有很多貶抑，因此他們用負面的詞語稱呼其他族群並不讓人意外。

加爾各答的客家人被描寫成兢兢業業的精明商人，由此可看出他們的身分認同與馬來西亞、中國客家人的身分認同有很大差異。加爾各答的客家人在製革工業上早已證明了他們的成就，財富對他們來說代表權力和成功。

臺灣的客家人：Howard Martin（1996）

根據Martin，臺灣的客家運動在1980年代期間並不明顯，客家的

身分認同是在近代才又復甦。Martin將客家發展運動大致分為三個路線：傳統派、溫和派、激進派。政治自由化與種族政治的興起有關，客家運動中不同的流派對客家身分認同、目標和對臺灣政治未來的遠景有他們自己不同的想法。傳統主義者認為世界各地的客家人是一個大族群，基本上是指在十七到十八世紀來到臺灣之前，屬於過去輝煌年代的年長客家人。年輕一輩的客家人屬於激進派系，他們在臺灣宣揚重新注入客家精神。在他們的頌歌裡很明顯要客家人不要再緬懷過去客家的豐功偉業，而是要以「來自中國，受盡苦難，流血流汗，墾地開荒，立根臺灣」為基礎，建立一個新的客家身分。激進派想創造「新客家人」，他們寧可拋去偉大的客家人和族群團結這樣過時的想法。

中國的客家人： Mary Erbaugh（1996）

儘管客家地區的客家人及客家聲援者在中國革命期間有其重要性及影響，這樣的客家研究仍有一段很長時間的停滯期，Erbaugh在這之後探討了中國客家研究的再興，她也說明並證實客家人參與中國共產黨革命的人數多到不成比例，他們成了共產黨的黨羽，加入中國政府的高層，其中很多人對他們的身分都三緘其口，因此才使得這個共產黨革命沒有被認定是客家人發起的運動。

類似中國的情況，雖然沒有明顯的證據，砂拉越的共產黨活動總會讓人直接且唯一聯想到客家人。當時的政府恰巧建立了像大富村、來拓村和新生村這樣以客家人為主的新村，這樣的行動也更加確立了客家人與共產主義的關聯性。這是刻印在人們腦海中的歷史。住在村落裡的人被貼上共產黨的標籤，且被迫留在那裡。把客家人和共產主義做連結是一種偏見。很多村民當時參與共產黨活動時，並不清楚這些活動背後的真正原因。對他們而言，這些活動就是一群人聚在營火前唱唱歌、跳跳舞、聽演講，都是充滿歡樂的時光。時日一久，他們開始從事嚴肅的行動，例如打仗、急救、生存技能等等。當他們了解

到自己實際參與的是共產黨活動，要退出為時已晚。再者，大部分的朋友也都加入了活動，這使他們繼續留在共產黨。儘管父母反對，他們的領袖還是說服他們，必須為了他們的「目標」奮鬥，為了更好的生活，不只為自己，更是為父母。結果這些目標並不是個人的目標，而是共產黨的目標。

另外也有幾個重要的因素模糊了中國客家人的重要性（Erbaugh, 1996: 47）。其中一個是所有中國人，尤其是共產黨運動活躍份子，以及高層政府官員所奉行的統一中國的國族思想。政治成就方面，華人的身分比起客家人的身分要來得光榮。此外，客家人從不曾有自己的發源地或屬於自己的地方，因而缺乏歷史上的族群淵源來定義客家人。在客家政治力量興起期間，客家身分受到封鎖禁止外現（Erbaugh, 1996: 21）。不過在1977年政權交替之時，當地的華人，包括客家人，有更多接觸海外客家人的機會，促使客家身分的再興與提升。如同Erbaugh所寫，國家政策有可能會阻礙或是提升族群身分。

客家身分認同有相同的特徵嗎？

以上著名的研究文獻資料定義出客家身分，世界各地不同的客家社區有其獨特的身分。印度加爾各答的客家社群重視經濟成就，但是不至於將自己的客家身分和同樣成功的其他華人社群一概而論。換句話說，維持客家身分作為一個族群仍然很受重視，為了保護他們在製革工業的獨占，這是必要的（Barth, 1969; Cohen, 1969）。

加爾各答的客家人多在商業和經濟上有所成就，馬來西亞蒲萊的客家人卻是相反。來自中國的客家人，大部分是從事像農業或礦業等的鄉下人，因此對商業沒有欲望。此外，他們也相當保守。就如同一位年約40歲的大富村男性村民所說：「要是我們有做生意的想法，早就南下搬到城市（古晉）去了。」這清楚地指出移民到馬來西亞的客

家人關心的是生計，不是生意。事實上，客家人被公認為刻苦耐勞的華人族群，難怪會有人說他們就像水牛一樣，絕對是辛勤工作[10]！

香港的客家人有著由村落和當地歷史所建立和肯定的身分認同（Constable, 1996）。雖然現在居民普遍信奉基督教，但是客家人依然維持他們的客家身分。然而，並非所有特徵都因工業化而以現代化樣貌保存，而族群間的通婚也開始破壞真正的客家身分（Johnson, 1996），客家族群的人數正慢慢減少。這個情況在臺灣有所不同，參與臺灣客家運動的政治領袖和激進份子，正設法減緩逐漸消失的客家族群特色（Martin, 1996）。現在語言成為唯一的族群表現形式，與占多數的福建人以及其他的族群之間唯一分界線是各族群所使用的語言。馬來西亞的客家人也歷經同樣的狀況，語言表現出他們客家人的身分，成了分隔他們與其他華人族群的要素。客家語在臺灣被認定為一種語言，不過，在馬來西亞卻被視為華人的一種方言，原因是它與華語有很多相似處，也與華語密切相關。馬來西亞有許多發源於其他國家的語言與華語是天差地別，所以客家方言在馬來西亞就成了客家人的一種身分表現。

臺灣強調以使用客家話作為認定族群身分的指標。根據Martin（1996: 177）所說，首先，臺灣客家運動的目標是揭示自己的身分，不論是否連結到某個定義明確的社群，也不管歷史或認同能否指向一個特定的地方。第二，客家運動者都是自願且基於個人利益。第三，臺灣的族群主要特點是一個人在公開場合的語言表達能力：客家話、閩南話或是華語。文化、非正統宗教的習俗或經濟邊緣化都不是臺灣客家人的特徵。

Martin（1996: 178）也寫到，臺灣客家運動的興起，是因為在一場有關臺灣政治前途的辯論中，客家利益被排除在外。這個運動同時有族群目標和政治目標：族群目標是以保存客家價值和身分為重點，

---

10 華人通常使用牛隻耕田，因此牠們常被用來比喻辛勤工作。

政治目標則是朝向確立客家利益法律上的保障。此運動是在企圖維護客家身分認同時，同時創造出的客家身分認同。Martin也提到，1988年12月28日在臺北舉行的大規模公開遊行，目的是要喚起大家對客家語言消逝的關注。遊行主要的訴求是要求電視臺製播客家語言節目（Martin, 1996，引述Baozhong Hui Hui, 1989: 158-59）。我在此再次強調，客家語在臺灣是被歸類為一種語言，不是一種方言。臺灣客家運動大體上類似其他國家的種族運動，強調個人是族群的一份子，以及這個族群與社會上其他族群有不同的概念（Martin, 1996: 179）。馬來西亞人堅持遵守這樣的觀念，因為那裡有許多其他使用不同語言的族群，所以族群間的分界清楚，而且不同的方言族群往往會聚集成為一個大的華人族群。在這個主要的華人族群中，華語或是普通話成了使用的共識語言，而非任何方言。

有趣的是，印度加爾各答客家人的身分定義是很清楚的。Oxfeld（1996: 173）指出那裡的客家人在以印度人為主的社會中生活，文化並不相容，但是仍然維持鮮明的華人身分。他們居住在一個宗教上和社會上被鄙視的經濟區域，因此客家身分仍舊維持完整。在華人被視為非當地人的情況下，也如同Martin（1996）所指出，客家人往往被認為是一個族群或社會，族群特色或語言不是他們公定的用詞。

大富村身分認同的個人看法

Sharon Carstens（2005）針對馬來西亞客家人進行一個完整的研究，她在位於馬來西亞半島東部的吉蘭丹州（Kelantan）的蒲萊小鎮蒐集了大部分的研究資料。有趣的是，她提出：是否真的有所謂的客家文化？有沒有一套由大多數自稱為客家人的人共有的明顯文化特色？為了幫助了解客家身分與其他華人社群的區別，她也想出一些值得思考的問題：不論在中國境內或世界其他地方，除了區分客家人及其他族群的衣食與儀式奉行之外，基本的行為或態度模式為何？

我在此引述她的研究結果，當成我描述大富村客家人的比較基礎，同時針對大富村的情況加入我個人的意見。Carstens（2005：124）發現蒲萊客家人文化和身分形成的方式相當獨特。她指出，這是針對與他們有往來的族群的特定情形和關係所產生的發展。她在1970年代末期進行田野調查時，明顯意識到蒲萊客家模式的存在。她注意到蒲萊的文化認同中，客家成分相對不重要。在蒲萊的社群中，他們被視為來自鄉村的貧窮華人，生活在逐漸受到當地馬來人控制的狀態下。在蒲萊村的背景下，Carstens選擇將客家語稱為方言。那裡的方言族群是指語言學或是社會學定義的類別。根據Carstens所言，以語言的分界為基礎而組成的族群會有所變化，但是「方言」一詞對於說同樣語言的華人而言仍然是一種方便簡略的表達方式。大富村也是如此，我在我的研究中使用「方言」（dialect）一詞而非「客家語」（Hakka language）。這得到政府更進一步的證實：華人在馬來西亞組成其中一個族群，在這個大族群內，有人說不同的方言，因此形成不同的方言族群。這也反映在官方的馬來西亞人口的數據，這部分在下一節中會有詳細說明。

　　客家方言本身在大富村客家女性是一種很強烈的身分認同表現。這是當我問及描述她們身分最好的特徵為何時，根據她們個人的看法所得知的結果。雖然她們大部分（幾乎所有的受訪者，96.5%）在祖先或血緣上都有客家淵源（像父母是客家人或客家人的後代），約2.8%認為她們屬於客家身分，因為她們的先生都是客家人。事實上，並沒有受訪者提到她們過去的困苦或是傳統的生活方式，很多學者不斷將此與客家人的身分做連結。因為這個社群居住在一個像大富村這樣的客家人占大多數的代表地方，所以性別隔離和與其他華人族群（例如潮州人、福建人以及其他族群）的族群分界線並不明顯。

　　大富村的客家人相當保守，他們選擇繼續待在自家農場工作，而非從事較大規模的商業活動，或是其他形式的有薪工作。我問到一位45歲左右的男性受訪者，為什麼經商一直都不是大富村人的專長？他

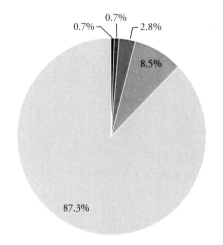

圖1：客家女性對於她們身分認同的個人看法

答說，若客家人對做生意有興趣，他們老早就搬出村落到古晉去了。
換句話說，做生意的念頭不曾出現在他們的腦海中。這可能與客家人
的成長背景，必須長時間在田裡幹活，經歷艱困的生活方式有關。
Carstens（2005）的蒲萊客家人研究中，也提出此點與喜歡做生意的
加爾各答客家人作對照（Oxfeld, 1996）。Heidhues（2003: 37）寫
到，歷史上，客家人在中國的華人移民族群中，遭受到較多的壓迫，
不得已在人口較稀少、土地不肥沃的地區定居糊口，這種經歷將他們
形塑成刻苦耐勞的族群。我引述Heidhues所說，他提及「漢人中的客
家族群除了以他們的語言來認定，還有他們未必真實的耐勞性、宗族
性以及願意承擔礦業和農業這樣艱苦繁重任務的個性。」Constable
（1996: 22）也寫到，中國和東南亞的客家人給人「鄉下和貧窮」的
刻板印象，這是區分馬來西亞砂拉越的客家人和偏好從商的潮州、福
建和福州等其他方言族群的一項明顯的身分特徵，這些族群從商是因
他們早期定居在人口較多的地區和城鎮。Heidhues（2003）也提到加
里曼丹有相同的情況，他指出，與其他住在城市且在物質方面相對富
裕的華人族群相對照後，客家人很明顯是貧窮的鄉下人。

移民後的身分認同建構與轉變

1960年代中期，政府執行了一項遷村行動，大富村的客家人被迫遷移。布魯克政府最初使用誘人的土地方案吸引他們開拓土地發展農業。村民用木材、棕櫚草、瓦楞板簡單搭蓋了各自的農場，就在自己的農場工作。歷史古蹟鹿邦（Lubang）（參看第三章詳細內容）的房子分布零零落落，現今地點看到的是方格狀規劃的社群，並沒有實際反映出最初村落的樣貌。Heidheus（2003: 3）也說到，在加里曼丹的客家人比較像中國廣東省的客家人，住在分散的聚落。當他們遷至大富新村時，政府已經將詳細規劃的小塊土地分配給村民，因此才會有這樣的系統安排和格局方正的村落。不了解大富村歷史背景的遊客，會假設這個村落與客家社群的傳統環境很相似。Heidhues（2003: 38）提到，福建和中國南方的客家人居住在有城牆設防的多層樓住所，有其宗族派系，對外界漠不關心。

隨著時間過去，大富村民開始發展出一種類似宗族派系的身分認同。據我觀察，將這些人集中在一個村落的動作，改變了曾經是非常個人化的社群環境。也許他們認為要擺脫遷村的悲慘狀況，最好的方式就是開始團體生活，建立更親密的關係。由於與共產黨傳聞中的關係，使他們受到政府的監視，遭到社群外的人鄙視。大富村民的身分認同，是由社群外之人認定形成且與共產黨相關聯。除此之外，他們也被認為是勤奮節儉的貧窮農民。族群的身分認同不只是族群本身選擇如何定義自己，也在於別人如何認定它（Patterson, 1975: 308）。這樣普遍貼在大富村民身上的標籤，更加惡化他們在其他華人族群中的身分認同與形象，導致他們成了一個被遺棄的族群。Oxfeld（2007）在她的印度加爾各答客家研究中，也描述到有關於客家人與其他族群隔離，主要是因為種姓制度（the caste system）。

大富村的客家人發展出根基牢固的身分認同。只要村民仍留在村裡，與地方結合的集體身分認同也會表現在他們身上。唯一能根除這

種身分的方式是離開村落，最終切斷社會和家庭關係，不過這是不可能發生的。一個人一定會存有與地方相關的記憶，要將自己和這個身分完全斷絕很困難。在有機會發表意見及記憶被喚醒之時，他們會記起自己的歷史，侃侃而談。Yong（2006）在他的研究中也注意到，很多受訪者對他們的過去都保持沉默，但是當記憶被觸動時，他們會毫不猶豫地分享。

相較於關門口和崇謙堂的族群（參看之前段落），大富村的族群處境完全不同。香港的客家人緊鄰著其他華人族群居住，大富村客家人則比較類似加爾各答的客家人，是被其他非華人族群所圍繞。經濟上而言，砂拉越的客家人不如其他華人方言族群富裕，因此在自己的文化認同上有更強烈的表現。此外，被迫遷至像大富村這樣小的區域，也強化了他們想以孤立的客家社群的方式存在。不只受到其他方言族群的輕視，他們也把自己和古晉的城市客家人劃分開。古晉之類的大城鎮的客家人並沒有被重遷至較小的社群，因此仍然保有行動和活動的自由。大富村的客家人被迫重新集中，因此更少有機會接觸到其他客家人或華人族群。他們只剩下由籬笆圍起的大富村所獨特代表，屬於他們自己的客家方言，以及其他華人社群通常不會從事，屬於他們的農業活動。接下來，我概述一下女性在儀式和婚姻中的角色。

儀式與婚姻中的女性

大富村的女性在有關儀式和婚姻的活動中擔負較多的角色。當家庭成員中有無法解決的事或疾病時，是由女性到廟宇去祈求保佑或尋求意見。Freedman（1957）寫到，在華人社會中，宗教之事是女人之事，男性通常不會費時過問。一般來說，男性非常願意將宗教事務交由女性負責。然而，我只能在某種程度上同意Freedman的觀察。女性在婚姻儀式中扮演著關鍵角色，不過，她們在宗教事務方面的參與相

當有限。

　　祭拜祖先是婚姻儀式中很重要的部分，在大富村，曾經有人沒按照禮俗舉行儀式，只在新娘家中舉行祭祖，沒有在新郎家，[11] 原因是這位新郎已經信奉基督教。這對新人最後定居在丈夫工作的地方：新加坡。婚禮過後幾天，很多不尋常的事發生在新郎的大富村家中，家裡飼養的雞隻死亡，新郎的母親和祖母生病，家中的一名小孫子開始看到奇怪的人，與他們一起玩耍。一陣子過後，這名小孩也病了。新郎家中的媳婦（生病小孩的母親）陪著新郎的母親向乩童（spirit medium，福建話為童乩）求助。乩童進入恍惚狀態並告訴她們，因為婚禮當天他們沒有祭拜祖先，所以一連串不幸的事才會降臨到他們身上。因此，全家人馬上選了個吉日，舉行祭祖儀式以安撫祖先。在這個案例中，是由女性去尋求幫助以彌補婚姻儀式中發生的裂痕。

　　在另一個案例中，一位祖先的名字在儀式過程中不小心被漏掉，這導致新娘惡夢連連，以及看到貌似新郎已故祖母的身影，也是新郎的母親到廟宇求助後才一切平安。在宗教儀式中，女性要確保該準備之祭品擺上供桌以及儀式按禮俗進行。事實上，在所有婚姻儀式的程序中，新郎的母親是一位焦點人物，新郎的父親不太參與。婚姻儀式中像是迎娶、點火爐和婚前準備等事宜都是由女性負責。新郎的母親成為主要的主持人，因為她是招待親戚者、祭祖儀式的關鍵人、奉茶儀式的發起人，祭祖時的祖先為丈夫那方。Freedman（1957: 55）強調新加坡客家女性積極參與儀式和婚姻事務。研究指出，那裡的男性在更廣大的社會領域中擔當主要的經濟角色，而女性則在儀式生活上居中心地位。母親是新一代的主要監護人和嚴格的紀律執行者。

---

11 此事件在大富村很有名，被稱為「李叔叔『賣妹』給基督徒女婿」。

過去與現在的婚姻儀式

大富村人平常的對話中談到婚姻話題是很普遍的，尤其是年輕女性在場的時候。當他們遇見女性，通常會問 *"ket fun liáu mô?"*，意思是「結婚了嗎？」。只有在舉行符合禮俗的儀式之後，這樁婚姻才會被認定為真正的完成。原則上，婚姻是一種雙重程序的義務，需要有婚姻文件的簽署以及儀式的舉行。

由於生活改善，婚姻儀式也隨著變得鋪張浪費又昂貴。共產黨時期的中國，婚姻儀式保持簡單（Yao, 1983: 185），整個籌備過程中最煞費苦心的是婚禮當天，因為新郎和新娘會穿上他們最漂亮、最體面的衣服，備上最好的甜品和糕點而非設宴，讓親朋好友同事間傳遞著吃（Yao, 1983）。舉辦大型宴會被認為是浪費金錢和資源，在過去，大富村人並沒有大規模的舉辦婚禮，因為他們家境貧困無法負擔如此盛大的慶祝活動。現在，村民透過舉辦大型婚禮慶祝活動來炫耀成功與能力，可能已經在大富村這個小村落創造出一種內部競爭和維護面子的方式。儘管已經有這樣精心製作安排的婚禮風格，村民依舊遵循著傳統六禮的婚姻儀式。過程中會需要他人幫忙，互相查看是否一切適當。確保這些儀式順利進行是一種社會義務。如果不慎遺漏其中一個程序，其他人會認為這場婚禮並不合宜。有時候，結婚的新人雙方並不完全了解這些儀式的重要意義，舉行儀式是為了滿足其他村民的期待，或只是遵照親戚或鄰居的建議。我認為這是為了在村落中維持相互的尊重、良好的關係與名譽。

如Yao（1983: 186）所寫，互相競爭及過度講究婚禮排場的趨勢，對男性的財務狀況形成很大的壓力。傳統的典禮儀式目的原是要保佑所有參與者，如今金錢已經成了優先考量。現在大富村的婚姻顯得像是商業交易，其中有大量金額的聘金和禮物交換。物質上的財產以及喜慶的雅致成了婚禮的重點，這使婚禮看來奢侈昂貴。現在也有許多店家提供相關的新娘服務，顯示消費能力與人們需求的改變，人

們也將婚姻重點從傳統的義務轉變成精緻的奢侈品。

我引用兩個不同的人對婚姻的評論：

> 「以前，婚姻儀式簡單許多。我們當時很窮而且買不起什麼東西。我們沒有年輕一輩的人現在有的精緻的物品。」這是一名年約50出頭的婦人所說，她的兒子一星期後就要結婚。

> 「婚姻是一生一次的大事。所有的事情都要符合禮俗，尤其是在婚禮當天，要祭拜祖先和舉行奉茶儀式。」一名年紀近60歲的婦女說。

以上兩個說法（第四章會有詳細說明）顯示出兩個相反的意見。婚姻儀式和物質的奢華形式兩者的重要性皆受重視。年輕一輩偏好較簡化的儀式，但是他們沒有選擇這樣做，因為省略儀式會受到村落的懲罰。在大富村，雖然很多年輕人並不知道這些儀式的真正意義，但年長一輩依然喜愛傳統婚姻儀式，因此年輕一輩必須遵循。

宗教義務的限制

雖然女性在儀式中有比較活躍的角色和責任，但是並沒有參與某些特定的大事，有些社群事務是非女性能力所及的工作。男性在廟宇儀式和作為神明的代言方面，是較恰當的社群代表，女性在社群相關的活動方面幾乎沒有任何角色。

就我對大富村兩項最大型的活動觀察（大伯公遊行和中元普渡），女性在這兩個節慶活動中扮演極小的角色。在大伯公遊行開始時，要「邀請」神明上「神轎」，然後起轎從寺廟扛到村落，這期間沒有任何女性參與。村民普遍認為假如由女性扛轎會觸怒神明。男性會盡量不讓女性碰觸到陶土製成的神像之「身體」以免得罪神明。女

大伯公遊行由男性主導，禁止女性參與任何準備的階段。

中元普渡的準備工作由男性進行，比如烹煮豬肉（左）和擺放食物（右）。

性可以參加此活動，但純粹只是加入遊行，頂多可以跟在遊行隊伍後面隨著大伯公出巡。至於中元普渡，女性不參與準備階段，這是男性的工作，即使內容包括烹煮生肉供奉孤魂餓鬼。

婚後之社會地位

理想上，女性會在婚後與丈夫的家人同住，這是典型的從夫居制社會的安排，通常這個家戶的「家長」會是家裡年紀最長的男性。儘管如此，對嫁進來的媳婦而言，主要的掌權人物是最年長的婆婆而非公公。這是顯示出家中最有權之人的一種形式，也表示媳婦應該向她

學習家事技巧，能以忠誠和勤勞的態度承擔家務的責任並服侍她的新家。如Levy（1949: 108）所指出，一名華人女性的一生都在婆婆的監視和管束之下，婆婆是負責使新娘融入家庭單位的人。

　　結婚後的女性不該完全放棄她和原生家庭（natal family）的聯繫，特別是在重要的喜慶活動和節日，她必須出席，得要回家一趟。同樣的，她的兄弟姊妹和母系親戚仍會與她維持親密友好的關係。如Ueno（2000: 37-38）在其姻親親屬的研究中注意到的，她引述著名的研究學者像是Maurice Freedman和費孝通的著作，認為母系親戚對小孩的身心福利有重大的影響。例如其中有引述到舅舅（母親的兄弟）被賦予榮幸和責任要在孩子滿月時替他取名字；當孩子被父親處罰時，舅舅要去幫忙；或是在孩子結婚時，舅舅要送份昂貴的禮物。總之，母系的親屬被認為有特別的責任。因此，一名女性不僅不可能在婚後切斷她和母系親屬的任何聯繫，更有可能強化他們之間的關係。Freedman（1979）的研究指出，持續姻親關係在政治和經濟意義上是很重要的，在儀式和宗教典禮上也同樣重要。Zhang（2009）注意到，女性和原生家庭的關係由於女兒父母間的聯繫較頻繁而變得更深厚。大富村的情況也可以這樣說，而我也贊成Zhang的論點，像是電話這樣的現代科技，使得女兒和母系家庭成員有更多的機會可以互相聯絡。而在大富村，聯絡的機會又更加容易，因為很多女兒婚後仍然住在同一個村落，因此可以不時互相拜訪，維持面對面的聯絡。

　　Freedman（1970）寫到，婚姻儀式基本上是指新娘、生育、家庭勞務以及忠誠從一個家庭轉換到另一個家庭。Zhang（2009）同意並非每個情況都如此，但實際上，姻親間的親屬關係在婚後是加深的。如Ueno（2000）所寫，華人的婚姻儀式本身重視的是姻親關係間的歧義。根據Ueno的說法，「姻親關係有兩面：從某個觀點看，它是兩個父系親屬的結合；另一方面，它是男性與其母方的父系親屬的結合。從男性的角度看，他的母親一直融入他的家庭中，歸屬於他的祖先群，也是他父系親屬群的一員；然而，對母方的父系親屬群來說，

兒子是血親也是姻親——他們同時是這個兒子的母方親屬，也透過婚姻與這個兒子的原生家庭產生關係。一個男人透過妻子使得她的所有親屬都成了他的姻親，但是以妻子的觀點看，她在原生家庭的關係在她結婚之際就轉變成帶有姻親性質的關係，她現在是新群體中的一份子，而她的原生家庭透過婚姻與這個群體連結。」

假如女性婚後不知如何兼顧她的職責或忠誠度，婚姻禮俗會因此產生問題。研究新加坡華人社會的Maurice Freedman，將重點放在父系思想體系（patrilineal ideology）。他的著作和這裡的情況非常相似，至少他那個時期的作品可以應用在這裡的情況。但是他在1950年代所做的姻親親屬關係的研究和詮釋已經過時，沒有真正反映到現代的情況。我在第六章會詳細探討此部分。重新檢視這些新娘（媳婦）與她們的姻親親屬和父系親屬之間的親屬關係程度是必要的。

此研究是唯一一篇針對砂拉越客家女性所做的研究。我透過婚姻儀式的探討，將主要焦點放在客家人的身分認同，尤其是女性的地位和她們所經歷的社會變遷。我的目的在於更新目前一般人心目中的客家女性等於勤儉這樣的普遍認知。從現有的臺灣、香港、印度和西馬來西亞的研究案例中我們觀察到，各地客家女性的歷史、地理和社會特質皆不盡相同。透過婚姻儀式的觀察，我探討並記錄下傳統保守的客家習俗及其變遷。

第三章　大富村：一個客家村落

大富村

　　大富村位於晉連路高速公路旁，距離古晉市大約35公里，相較於其他外圍村落和聚落，大富村的人口規模可視為小型村落。此地區華人居多，比達友為少數族群。根據2000年人口普查，砂拉越較大的城市例如古晉有超過200,000人口，而詩巫（Sibu）和美里（Miri）分別約有154,000和110,000人。較靠近古晉的小鎮例如哥打三馬拉漢（*Kota* Samarahan）約有8,600人。而富有客家人最早定居史的石隆門，約有9,205的華人人口（2000年馬來西亞統計部門）。

　　第一批抵達砂拉越的客家人來自印尼城鎮，例如加里曼丹的三發。公司間的鬥爭與政治上的不安，驅使他們穿越邊界來到一個叫做帽山（Mau San）的地方，即目前的石隆門。採礦運作停止後，他們轉往馬來西亞其他的鄉村地區從事農耕，因為福建和潮州等方言族群

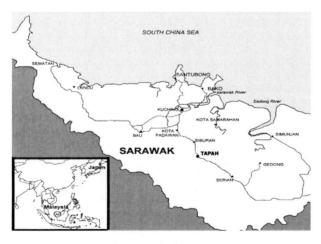

圖2：砂拉越大富村的地理位置

已經在城市地區建立他們的聚落並從事貿易，較不擅從商的客家人只好到內陸定居。

客家人主要定居在目前的晉漢省（Kuching-Samarahan divisions）及其鄰近地區，很多客家聚落分散在不同的地點。雖然大富村是1960年代才建立的新村落，卻充滿許多歷史大事。地下共產黨組織對砂拉越政府的威脅，催生出晉連路旁第15哩和第24哩之間的華人農村聚落（Lee, 1970: 187）。他們被認定為居住在「管制區」（controlled area），也遭懷疑是共產黨的支持者。大富村的客家社群在1960年代共產黨活動時期的「鐵鎚行動」被迫遷至現居地。事實上，大部分在大富村附近和鄰近村落的華人，一律重新安置到大富村內的一個緊密社群，其他的種族族群卻可以留在自己的家園（Lee, 1970）。然而，這些「客人」（guest people）有一段引以為傲的歷史，雖然他們歷經艱辛，遭到社會遺棄（Porritt, 2002），例如，儘管因為非本地人而被稱為社會棄兒，他們還是克服了一切。自從1960年代末共產黨時代結束後，大富村落就開始迅速發展。

從事社群的文化人類學研究需要對人口及社群的背景有充分的了解。我在馬來西亞統計部門、區域辦公處等機構以及各村落的社群領袖那裡取得人口統計資料。每個村落都有一位甲必丹擔任社群的領袖，他的工作是在管轄範圍內處理法律相關事務，職務包括協助登錄結婚、出生和死亡資料。由於他的工作關係，他有一份大富村居民的清單。我另外也從一份很重要的學校雜誌中，取得華人社群的人口統計資料，這份雜誌是在2005年新生國小（Siburan Primary School）的新校區啟用時開辦的，書上有大富村各華人家庭每戶成員一覽表，剛好提供我相關參考資料。

我去了一趟統計部門取得最新人口詳細資料和其他相關資訊，例如婚姻狀況和職業。我本來希望可以得到各個方言族群的細節，但是他們沒有這方面的資料。接著我根據國家人口普查所定義的年齡層分析了人口統計數字，發現最低的結婚和工作年齡是14歲。

村落的組成，人口分布與活動

　　大富村位於古晉區內，為古晉鄉村區政務委員會（Rural District Council of Kuching）的行政管轄。砂拉越目前有11個區[12]。大富村約有2,500人，485戶（2005年新生村區域辦公處資料），主要是由有客家血緣的華人所組成，占97%。華人大多居住在市集（bazaar），其他社群像是比達友，則住在大富村外圍毗鄰的村落或鄉村。當大富村華人農民遷村時，他們被強迫搬入約1/4英畝大小的獨棟房屋。他們的房屋被規劃成平行的兩排，相互面對面，村落外圍有籬笆牆圍著。在這塊村落飛地（enclave）裡，當地居民可以使用基本的生活設施、學校、醫療診所、遊樂場以及商店。他們長期被迫生活在這樣的情況下，所以至今仍然保持是一塊飛地。圍籬早已拆除，但是客家社群並沒有離開，幾乎全部留在大富村的市集內。

　　大富村落也有其他的方言族群。就經濟活動而言，約有10~15戶的潮州人住在店面屋（shophouse）從事雜貨經營；至於福州方言族群，有兩戶人家分別從事家禽生意和經營電器用品店，另外一戶為卡車司機，小吃攤則分別由四名福建人和一戶廣東家庭經營。大富村市集共有51間商店，分布在一塊小區域，由兩排老舊房屋和一排新式水泥屋組成，市集上經營著各式各樣的生意。店家詳細資料如下：13家咖啡廳、18間雜貨店（12間由潮州人經營）、4家電器用品兼修理店、4個小吃攤（皆由福建人經營）、5間沙龍店（其中兩間提供新娘服務）、3間服飾店、2間五金行（分別是機車修理行和殺蟲劑藥店）、還有一間麵包坊和一家撞球中心。村落裡有四戶人家從事蛋糕製作，製成品則拿到市集上的商店販賣。村內也有一間托育中心，每名小孩費用為六天馬幣300元[13]。

---

12 砂拉越在2008年有11個區，每區設有不同的政務委員會管理各自的行政區。

13 本書所引用的價格皆依照2007年度實際金額。2007年之前的價格則依照馬來西亞消費指數換算為2007年相對應的金額並標明於註腳。

大富村市集外圍也有其他的經濟活動：5家蛋雞場，30間有執照的燕窩加工場，還有其他很多大大小小規模的菜園。一家知名公司 Poh Lian 在晉連路29哩處經營一個大規模菜園，這家公司也從事批發生意，晚上會到在外圍地區的小規模經營農夫那收購蔬菜。由於農業活動範圍受限於土地大小，大富村有非常多小規模經營農民。大富村落建立時的第一批居民每戶皆分得一小片土地，大小約在27到28點[14]。第二批居民得到的更小，每戶約分得17到18分。

由於家庭擴張及每戶成員增加，大富村的土地需求迅速增加，必須擴大村落以容納更多的人口。然而，政府近年來就當地人是否可享有更多的土地權方面，並沒有做任何的增加或其他形式的發展，很多人其實很希望政府能夠在既有的土地權上給予更多幫助。村內有傳聞和猜測，家庭的延伸成員，例如已婚但仍與父母同居的人，是有資格申請土地權的。

2002年，大富村約有30名申請者順利取得政府批准的土地權，受益人只消負擔馬幣60元[15] 的免役租（quit rent）[16]。政府在2002年實施此計畫時，大富村民得知約有110塊地要分發，當時有超過400人申請，但是成功者不多。從那時起，他們致力於取得尚未批准分發的土地。當大富村民開始享受到土地發展的果實時，動力益加強烈。由於預見將來晉連高速公路完工與大富村的新興產業，更多人想從中牟利或投資土地，希望有機會獲得額外收入。受訪者告訴我，一家國營投資機構砂拉越信託基金（Amanah Saham Sarawak, ASSAR）已經將大富村預定為陶器工廠用地，因為設廠用地需求龐大，大富村民希望能藉由租地給有潛力的投資者或開發商以從中受益。目前大富村每英畝地租價格是每年馬幣400到500元。對擁有很多大片閒地的人來說，收取

---

14 在公制面積計算公式中，100點等於一英畝或0.405公頃。

15 相當於2007年馬幣67元。

16 砂拉越政府是以收「免役租」的方式向「地主」徵收土地稅。土地在當地並非個人的永久財產，而是持有長期的土地所有權，例如60年或90年，到期時可再考慮是否延長。

大富村標示板（左）和象徵大富村的蔬菜雕像（右）。

老舊商店木屋（左）與大富村新式水泥屋 （右）。

地租是一筆額外的收入。

歷史上的大富村

　　大富村具有深厚的歷史背景，一開始的大富村是位在離目前位置
不遠的地方。我的報導人給了我一些很有趣的資訊，他們還是能夠根
據其所見所聞講述過往。我從中得知他們被重新集中之前最早的定居
地，是在距離大富村現址約4公里處的鹿邦（Lubang）[17]，此地也稱

---

17 鹿邦是大富村舊址，據說是第一個建立的聚落。

為*Jalan Lama*或翻譯成「舊路」，我相信這個詞是在開始興建晉連路時才出現的，此後，人們開始將過去的通道稱為「舊路」。至於最初的居住地鹿邦，據傳那裡有個洞穴，所以 'lubang' 字面上的意思是「洞」或當地「洞穴」的說法，拼成*lobang*。通往洞穴的路在丘帕克（Chupak）村落的對面，這村落是個比達友的聚落，距離洞穴地點不遠（參見圖3地域圖）。我沒有親自到過這洞穴，也不確定它目前是否還存在。就如同村民的說法以及稍後的詳述，此地位於一處平坦地，沒有任何突起的山丘。不過，在丘帕克村落中的確有個洞穴，可能就是這裡所說的。

第一批村民是從古晉經由河流抵達到大富地區或鹿邦，聽說也有人來自印尼的加里曼丹。他們以前常用來往返兩地的河流被稱作大富河（Tapah River）。我在此區目前的地形圖上找不到一條叫做大富的河川，親身到訪之後，我發現符合描述的河流另有其名，現在實際的名稱是*Sungai* Serin（*sungai*是馬來話的「河」）。Porritt（2002）寫到，所有的新村是在1960年代建立的，大富村以河流命名，另外兩個村落則以當地的山丘取名。但根據這些資訊提供者的說明，大富村舊址名稱可能是源自傳聞中的大富河或與此河流相關的緣由。1960年代「鐵鏈行動」下所建立的新村皆另起新名，但大富村則沿用舊名。

　　大富村建立及發展的事件，按時間先後順序列出
　　——如大富村民所憶及所述，我統整了以下與村民的談話。

　　1965年6月27日：在18哩處的警局遭共產黨游擊隊攻擊，造成一名警察死亡。此名警察是當時砂拉越第一行政首長史蒂芬・加隆寧甘（Dato Stephen Kalong Ningkan）的胞弟。
　　1965年7月6日，十天之後：「鐵鏈行動」正式展開。
　　當天凌晨五點開始，軍隊的巡邏車以廣播宣布，同時有一架直升機在上方搜索。廣播內容規定，住在晉連路方圓600英畝內

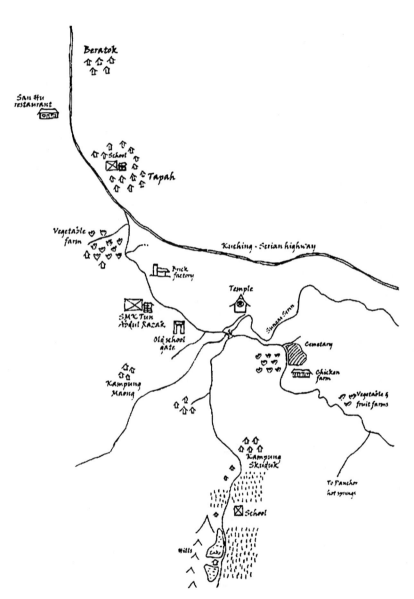

圖3：大富村及周圍地區的略圖

的15至25哩沿途一帶的居民，必須攜帶三天的儲備食糧及衣物，並於當天下午三點至五個指定地——第15, 17, 19, 20, 24哩——之中離他們最近的一處報到。

「鐵鏈行動」的目的是要把所有的居民集中，與在該區活動頻繁的共產黨隔離。最初設定48小時，之後延長到72小時，然後再演變成一週，最後持續了很久，促成新村的建立。砂拉越政府想效法西馬來西亞的「分離運動」，將共產黨與華人隔離。為了建立一個適當的村落，土地測量局（Land and Survey Department）和公共工程局（Public Work Department）開始進行所有必要的勘察測量，包括以籬笆圍起這些地區，17, 21, 22哩處的村落就此誕生。

胡椒當時價格正好，許多農場大量生產。「鐵鏈行動」之前，他們的獲利可觀，單靠胡椒一年可達馬幣8,000元[18]。然而，鐵鏈行動逼使農民得在特定地點紮營，導致他們必須拋棄收成，最後被偷。不僅如此，他們的家畜也遭竊或活活餓死。這些農夫頓時變得一貧如洗，還必須從農場走到新村，這麼一段長距離也讓他們吃足苦頭。

政府決定將土地分發給村民，每塊地均為25分，村民經由抽籤決定可得之土地。此外，每戶家庭會分得馬幣1,500元[19]作為重建家園的基金。每戶家庭的成年男子都有資格參加抽籤，因此同戶的兄弟每人都有自己的一塊土地。在房屋建造部分，政府施行特定的準則，村民可以選擇自建或委託承包商。

村民的活動受到限制。除了到農場，任何要離開村落到城裡的人，皆需要許可證。政府也在下午六點到早上六點實施宵禁。假如有人隔天早上未到派出所報到，會被羈押審問。

---

18 相當於2007年的馬幣33,975元。
19 相當於2007年的馬幣6,370元。

此區的禁令在1970年代解除。主要由華人組成的砂拉越人民聯合黨（Sarawak United Peoples' Party）幫助減緩緊張情勢。人們可以在上午七點到下午五點間自由活動。村民的生計開始改善，經濟狀況也逐漸好轉。

1974年：由黃紀作（Bong Ki Chok）領軍的砂拉越共產黨游擊隊，與當時的砂拉越首長東姑阿都拉曼雅谷（Tunku Abdul Rahman Yakub）簽署了一項和平協議。共產黨陸續離開叢林投降，一切恢復原先的秩序與和平。這促進了17, 21, 22哩的三個村落情況改善。宵禁時間縮減，村民可以在清晨四點到午夜十二點間自由活動。政府也降低對村民的行動限制及規定。

1976年8月16日：副首長丹斯里拿督阿瑪沈慶鴻（Tan Sri Dato Amar Sim Kheng Hong）在17哩的新生村宣布，三座新村村民的政治禁令結束。從此之後，所有村民可以自由參加任何政黨活動。

1979年：在1970到1971年間的「茶杯行動」（Operation Tea Cup）中遭政府遷至此區泗里奎街（Sarikei）及英吉利里（Engkilili）的村民，收到一封允許他們返回家鄉的正式信函。

1980年2月5日：砂拉越首長拿督巴丁宜阿都拉曼雅谷（Dato Patinggi Abdul Rahman Yakub）宣布戒嚴令正式解除。戒嚴時期前後持續了十五年。

　　圍籬並沒有真正限制村民的行動或禁制共產黨的活動，只是減緩了他們的行動。共產黨也吸收了村民的子女和親戚。村民以提供食物和資訊的方式支持共產黨，他們將藏有密碼的訊息放到所配給的食物中傳達給共產黨員。村民改變了行動方式，但是與共產黨的聯繫並沒有完全被切斷。他們沒有選擇夜晚，反而是在白天行動以避免政府的偵查。

新村的名字通常是經過謹慎挑選，希望能為村民帶來光明的未來（Porritt, 2002: 286）。Nyce（1973: 26）寫到，大部分在馬來西亞半島建立的華人新村名稱，對當地的華人並沒有傳達出任何特別的意義。如Porritt所指出，選擇這些名稱的目的是為了帶給村民希望：新的環境將帶來繁榮和願景。實際上，「大富村」字面上翻譯成華語的意思是「富裕繁榮的村落」。華語的寫法是「大富村」，讀音是Dà Fù Cūn。四十年後，大富村並非三個新村中最富裕繁榮，反而是靠近古晉的新生村成了三個新村中商業發展最蓬勃、人口規模最大的村落。事實上，Nyce（1973: 28）注意到，選擇村名時分成兩個階段，第一階段是音譯，第二階段會依慣用法，但是盡量保持與原發音相同。實際上，大富村命名時比較配合第二階段，以替村民描繪出一個較正面的前景。雖然地方命名意義重大，但不管是以前還是現在，當地社群間很少使用這個正確的村落名稱，尤其是華人。截至目前為止，我常常聽到有人用客家方言提及此地，但稱它為「22哩半」（22½ Mile）。另外在第17哩附近的新村常常被稱為「17哩」，第21哩的村落稱為「21哩」。

我在大富村的資訊提供者也聲稱那條河是以一種他們稱為「大富」（*tapah*）的樹所命名的。我翻遍舊版和新版的砂拉越植物一覽表（Anderson, 1980; Chai & Jawa, 2007），卻找不到那個當地或普遍稱為大富的樹種。事實上是有一種稱為「河鯰」（*ikan Tapah*）的淡水鯰魚，學名叫做里式叉尾鯰（*Wallago leeri*）。牠是一種食用魚，身形巨大，長達1公尺，體重可達5公斤以上，主要在河流和熱帶泥炭沼可發現牠們的蹤影。也有可能是因為河中滿是河鯰，所以村民決定使用這個鯰魚名為村落命名[20]。

除了一間寺廟，這個地方現在已經完全被遺棄，只餘村落遺跡的

---

20 一般認為古晉（Kuching）這個名稱源自於古晉河（Kuching River），現已不存。據信此河已被填平，因為這是一條小河且上面已經蓋了大伯公廟。 古晉的名稱由來還有很多其他說法，但我認為以古晉河命名一說比較合理。

招牌。之前村落的大小現在不得而知，根據當地居民以及我的資訊提供者的說法，目前雜草叢生的寺廟和鄰近拋荒空蕩的地區是第一批客家人的定居地。過去由於當地有許多其他原住民社群，加上交通工具進入不易，河流成了進入馬來西亞內陸地區的唯一通道，可能因此客家人才會來到這間寺廟展開生活，渡河從古晉往上游去。

Lee（1970）寫到，在第二波的發展期間，華人開始往砂拉越的鄉村地區移動。第二批客家人抵達的同時剛好農業產品（例如胡椒、橡膠）也開始發展，但更重要的是，布魯克政府期間鼓勵農業發展，因此更多的村落沿著晉連路聚居。第二批客家人隨著公路系統完成以後抵達，新的村落也跟著形成，這可能也導致村民遺棄原先的村落。由於政府的農業方案吸引了客家人，他們沿著主要道路建立農莊、發展農地，緊接著道路興建完成之後移居的華人（Lee, 1970），也促成這些道路沿途新村的發展。

人口統計資料

大致上，大富村男女比例相當平均。在2000年的人口普查中，男性有1,278人，女性1,239人（2000年馬來西亞統計部門），顯示男性人數只略微超過女性1.6%。

本研究重點主要放在不同年齡層的客家女性，我根據她們的年紀重新分類，以便做分析和比較。大體上，大富村的客家人來自中國，這些第一代的客家人也是組成受訪者中年齡層最高的一群。我刻意不將受訪者用世代歸類，因為我發現這個方式十分複雜。我引述Ting與Hung（2008）的福州女性研究，他們藉由追溯受訪者自中國移出的時間，依世代做分類。在他們的研究中，最早的兩代已經過世，她們是在1900年代早期抵達詩巫省新珠安（*Sungai* Merah, Sibu）。一名第四代的女性可能會在近30歲到近50歲，範圍如此廣的年齡層之間，同一年齡層這樣大的年齡差距，對她們的成長背景自是有影響的。在最

年輕與最年長相差20歲的範圍下，教育背景和機會差異極大，不同的身分和角色亦然，例如為人母或為人祖母。世代的分類法無法恰當呈現不同年齡層的觀點，因此，我提出受訪群的人口統計資訊，以進一步了解她們的背景。

最年長的受訪群，大部分來自中國廣東省揭陽縣的第一代移民。他們有些在這裡出生，與中國有較深厚的關係。他們幾乎沒受過正式教育，只能從事耕作養家活口。因為都是同鄉，因此他們喜歡住在附近當鄰居，客家方言成了連結彼此的元素，他們幾乎不與其他方言族群或當地社群往來。這一代的客家人心裡仍寄望著回到中國的老家，他們大多都還有親戚住在那裡。很多人希望可以存夠錢，夢想有天可以回到中國，蓋間房子住在那裡，最後像祖先那樣，老死在自己的故鄉，這是老一輩村民對祖國的強烈情感。

年輕一輩的族群對中國幾乎沒有歸屬感，也比老一輩的住在這裡久很多，接受不同形式的教育制度。在家庭倫理方面，砂拉越的客家人遵循儒家傳統，例如孝順父母、尊敬兄長、友愛弟妹，儒家思想也強調個人與國家的道德規範，社會關係、忠義和人生三個重要層次——文化（宗教祭拜）、社會（社會與政治體制）、個人（個人日常行為）的正確性。學校教育方面，他們使用來自中國受到鼓吹共產主義的極端左翼份子所影響的課本，這些客家人因而產生反抗政府的思想。當時哥打聖陶沙（7哩）的民中中華學校（Min Chung Chung Hua School），以及古晉中華第一中學和第三中學（Chung Hua Middle School No.1 and No.3）就是一例。學生在學校使用華語，他們所受的教育建立起與中國的深厚關係。年齡層50到70歲的族群不確定自己是否為馬來西亞人，部分原因是那段時間他們很少參與政治活動或與政府往來，也缺乏英語教育。砂拉越在1963年加入馬來西亞聯邦，脫離英國統治取得獨立，因此，他們陷入無法確定自己身分的迷霧之中：要稱自己為馬來西亞人或是中國人，還是前砂拉越公民？1960年代初期，他們也接觸共產黨活動，有些人被認為是共產主義擁護者，很多

人因為與共產黨有所牽連而被捕入獄。

年齡層最輕的族群，大部分是在馬來西亞政府安排的教學大綱下接受教育，多數是到大富中華小學（Tapah Chung Hua Primary School）接受華語教育，但也學習其他語言，比如英語和馬來語。他們對馬來西亞的教育制度有強烈的歸屬感，學校課本是由馬來西亞出版，不是從中國進口。他們必須參加類似其他馬來西亞學校的公開考試，此外，小學畢業時他們必須參加華語聯校機構委員會舉辦的統一考試，目的是能繼續華語中學教育。有些人到大富村附近的一所馬來語寄宿學校拉薩中學（Razak Secondary School）上學，或是到距離大富村24公里的西連（Serian）[21] 的華語學校泗里奎民立中學（Sarikei Min Lik Secondary School）接受教育。

政府發動的負面宣傳引起年輕一輩的客家人排斥共產黨，當地人稱共產黨員為「山老鼠」，他們住在孤立偏遠的地區，只有暗夜來臨時才會開始行動，這群人行蹤詭祕，對這些年輕人心理上造成威脅。這段期間，他們也親眼目睹共產主義對強權大國（例如中國和蘇俄）的不利影響，這使得他們完全拒絕共產主義思想。這群年輕人覺得中國並不是祖國，只是屬於他們祖先的地方，他們會想去中國也只是因為去度假。

此研究的各年齡層詳細內容

2005年10月到2006年3月期間，我針對261位客家女性進行訪談，占大富村已婚女性總人數一半以上。在這些訪談中，我使用了由65道問題組成的開放式問卷，內容主要涵蓋婚姻、家庭和其他議題，例如身分認同，以及她們對未來的期許。訪談在受訪者家中進行，訪談期間使用錄音機錄下重點，以便日後分析使用。

---

21 西連（Serian）位在大富村更遠處的一個城鎮，離古晉約59公里。

表1：大富村各年齡層女性受訪人數

年齡層	年齡範圍	受訪人數	年齡層	年齡範圍	受訪人數
1	15-20	0	8	51-55	27
2	21-25	8	9	56-60	27
3	26-30	22	10	61-65	16
4	31-35	25	11	66-70	6
5	36-40	29	12	71-75	9
6	41-45	35	13	76-80	17
7	46-50	31	14	81歲以上	9

此研究中，我也設法取得村裡男性的觀點。通常這樣隨性的訪談，或者我稱為閒聊，會是在老人休閒中心[22]、市集上的咖啡廳、婚禮活動或到受訪者家中作訪問時進行。聊天對象大多是超過55歲的年長男性村民，雖然我試著蒐集年輕男性的看法，但是當討論到婚姻相關的話題時，他們多半沒有反應。我普遍得到的答案是，他們對婚姻不太了解，會建議由其他女性或村落的甲必丹和他的妻子回答。

職業與經濟活動

大富村民多數務農，很少有人從事專業或行政工作（見圖4）。2000年，大富村民專業工作（立法委員、經理和其他專業工作）的就業人口只占總工作人口的8.71%（2000年馬來西亞統計部門），但已經比1991年的數據3.67%增加超過一倍。從1991年到2000年，農林漁

---

22 老人休閒中心（The Old Folk's Leisure Centre）是由村落福利機構設立的活動中心，位於大富村市集中一間商店的後方。開放時間為週一至週六早上七點到晚上七點。中心內有一位女管理員負責打掃並為年長使用者泡茶煮咖啡。此中心未嚴格規定只有老人可以進入，但主要只有幾名固定的男性年長村民每天聚集在此邊喝熱飲邊聊天、看報或看電視。我常到此地，曾經看過一位年長女性來到中心兩次。

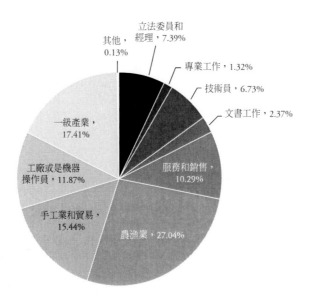

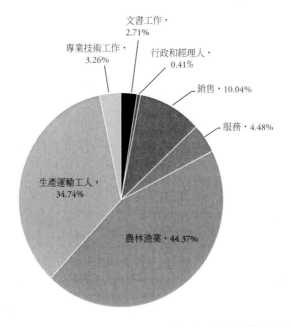

圖4：大富村民2000年（上）和1991年（下）的職業類型比例

業就業人口銳減。1991年有高達44.37%的人口從事此領域的工作，到2000年只剩27.04%。事實上，到2000年，林業已不再是人們喜愛的行業，因為該年國內人口普查表中未列出林業。大富村的農民向來小本經營，栽種胡椒、橡膠，種植果蔬，飼養雞豬，供應市場需求及家人食用，但隨著農業活動的規模縮減，更重要的是產業結構轉型，種種因素導致農業全面萎縮。現在有較多人從事專業行業，我相信這是因為教育程度提升，使得更多人可以從事專業部門工作。另一方面，砂拉越政府將產業結構從農業轉型至製造業的政策可能造成專業領域的工作機會多於農業，這反映在2000年的數據：有11.87%的人口從事工廠作業員或機器操作員，而此專業部門在1991年的官方人口調查中甚至尚未出現。我發現這相當符合實際情況，因為我的資訊提供者提及許多年輕人——尤其是男性——移出大富村到當地大型跨國企業和海外（比如新加坡）的工廠找工作。單就我的訪談裡，就有30名之多的男性目前在新加坡工作，因為那裡的薪水比較高。然而，年輕女性很少離開大富村，據推測，年輕客家女孩留在大富村的原因很可能是社會約束。

圖5顯示女性在1991和2000年從事的各種不同行業，數據是由總就業人數（包括男性）得出。如圖所示，不論行業，這兩年的就業女性人數比例都未超過12%，比例最高的行業是1991年的生產運輸工人11.13%，此行業是綜合性工作，包括生產業、勞動業和運輸業，女性參與就業的總比例在那兩年未超過30%。事實上，相較於1991年的女性就業比例28.36%，2000年的數據滑落到只剩19.01%。然而，這兩年女性從事文書工作的比例持平，1991年有2.11%，2000年小幅增加至2.17%。同樣地，銷售業和服務業也沒有多少改變。1991年，女性在此就業領域的比例為5.83%，2000年略降至5.28%。大富村女性參與的工作中，農漁業占相當大的比例，燕窩加工是這裡主要的商業活動之一，很多家庭主婦在家兼差做燕窩處理的工作。

以各行業男女就業比例來看（圖6），女性主要從事的是文書工

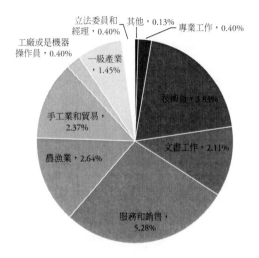

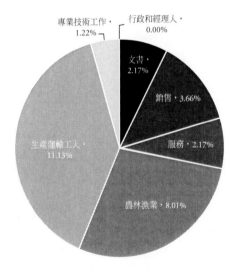

圖5：根據各行業男女總就業比例所算出的2000年（上）及1991年（下）
大富村女性各行業就業比例

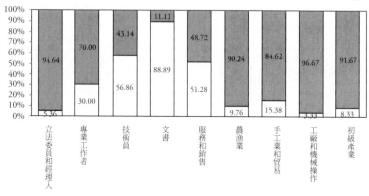

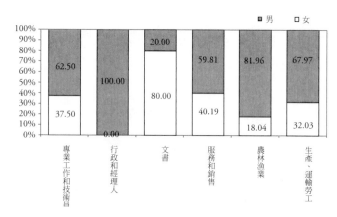

圖6: 2000年（上）及1991年（下）各行業男女就業比例

作，占此領域總就業人口八成以上。專業和管理職位或辦公室工作，比較可能由男性擔任。1991年，此領域尚無女性就業人口，但到了2000年，已經有女性加入。對照2000年的男性，女性開始擔任立法委員和經理人（5.36%）以及專業人員（30.0%）之類的職位，顯示女性有更多的機會可以從事白領階層工作，這是教育程度和資格提升所產生的現象。

家庭體制

　　華人家庭體制有多種形式的定義：夫妻家庭（conjugal family）、大家庭（extended family或grand family）、折衷家庭（stem family）或核心家庭（nuclear family）。核心家庭也稱為基本家庭（elementary family），是由父或母，或是父母及其未婚子女所組成，至多兩代，沒有祖父母或是叔伯輩成員。折衷家庭是核心家庭的延伸，由父或母或父母、已婚子女和其子女，以及其他未婚子女所組成，此形式是三代同堂。當叔伯姑嬸成員的家庭也出現時，即形成最大的家庭，稱為大家庭，為四代同堂。折衷家庭也有其他說法，Lang（1946: 14）使用聯合家庭（joint family）這個詞來定義類似折衷家庭或大家庭。在父或母或父母死亡時，聯合家庭成了兄弟聯合家庭（fraternal joint family）。當一個兒子結婚，決定遷離大家庭，在外自組家庭單位時，即形成夫妻家庭，也稱為基本家庭或是核心家庭。

　　以下分析是定義大富村不同家庭形式的例子。我額外進行訪談並蒐集有關大富村家族和家戶分布的資料，總共取得51件案例（附錄一）。我使用各種不同組合的方法分析這些案例，如與村民訪談，研究村落規劃與布局，以及村民彼此之間的家族和親屬關係的探討。我選擇三種主要的家庭形式描述如下，同時說明誰是家戶的「家長」，以及年長和年輕成員間的不同階級和控制權力。「家長」通常為年紀最長的男性，可能只是名義上的角色，有關家庭事務的重要決定還是要參照禮俗。不過若是他仍然身強體健，有能力處理大小事，則他會參與家庭事務，通常是擔任主持儀式的角色。他也是家庭的財務大臣。我依據主要特徵例如家庭大小、家族在大富村的歷史以及家庭成員的年齡來分析資料。我也特別考慮到他們的姓氏及其關係。大富村的家庭是父系形式，強調男系家族，因此，姓氏是將家庭和個人彼此連結的重要特徵。我也探討了家戶間的關係，與其實際分布的所在地。

附錄一的表格清楚顯示大部分的村民都有親戚住在同一村。在51個案例中，除了10個，其他都至少有一位血親或姻親住在大富村，居住地分散，沒有明顯的聚集情況，直系親屬可能住在隔壁或是較遠處。

村民比較喜歡將女兒嫁到另一個村落，但是這並不符合資料顯示的情況。大多數家庭都有親戚住在同村。

案例一：劉家

劉先生現年56歲，是大富村的第一代居民。劉先生的家庭是三代同堂，家中有九位成員。劉先生為長子，因此父母與他同住。劉先生有兩個弟弟和四個妹妹住在大富村，弟弟各有自己的家庭。劉先生的其中一個妹妹組了自己的基本家庭，另一個妹妹的家庭屬於折衷家庭。

案號 F32：房子地址 no. 30	劉(56)	折衷(3)	9 (2-2-5)	房子地址 no. 23：關係：弟弟
				房子地址 no. 370：關係：弟弟
				房子地址 no. 332：關係：妹妹
				房子地址 no. 582：關係：妹妹
				房子地址 no. 258：關係：妹妹
	妻子—鍾(34)			房子地址 no. 585：關係：姊姊
				房子地址 no. 587：關係：姊姊

案號 F4：房子地址 no. 23	劉(53)	基本(2)	6 (2-4)	房子地址 no. 30：關係：哥哥
				房子地址 no. 370：關係：哥哥
				房子地址 no. 332：關係：妹妹
				房子地址 no. 582：關係：妹妹
				房子地址 no. 258：關係：妹妹

案號 F14：房子地址 no. 258	黃(41)	基本(2)	5 (2-3)	房子地址 no. 23：關係：哥哥
				房子地址 no. 30：關係：哥哥
	妻子—劉(38)			房子地址 no. 370：關係：哥哥
				房子地址 no. 332：關係：妹妹
				房子地址 no. 582：關係：妹妹

宗族

　　大富村是個非宗族（non-lineage）村落。只有在傳統的中國村落或其他地方像是香港和臺灣，才有可能看到單一宗族村落（single lineage）。Freedman（1958: 15）也寫到，由父系繼嗣群（patrilineal descent group）形成的華人村落，意思是村落由同一宗族的人所組成，不再屬於村落的人並沒有居住在那。由於華人開始移往海外，要維持一個父系繼嗣的村落變得不可能。到了陌生之地或國家，只要能討生活，任何可定居處都可以，他們在礦場上做工或在沃土上耕作，居住在其他宗族或方言族群的附近，華人開始移到大富村尋找肥沃的農耕地，散居於鹿邦。由於他們是分批抵達，於是逐漸形成一個多宗族和多姓氏的村落。

　　大富村集合了不同宗族的客家家庭。Freedman（1958: 15）定義宗族是根據外婚制和從夫居制（妻子必須與丈夫的家庭同住）原則的世系，而「單姓村」（single surname village）是由一個宗族加上所有男性的妻子，減去宗族內已嫁出的女性。意思是，已出嫁的女兒不再屬於父親的宗族。已婚的華人女性可以終身保留姓氏，這正是Freedman提到，一名已婚女性無法完全融入其丈夫之宗族的原因。她的地位仍然維持在原生宗族和婚後宗族之間，因為在她原生父母和丈夫的父母過世時，她仍然有服喪與祭拜的義務，而她的先生無須如此。

　　Freedman（1958: 29）說到，一個家戶（household）可能由一個基本家庭以上所組成，沿著父系線（patrilineal line）延伸擴大。他舉

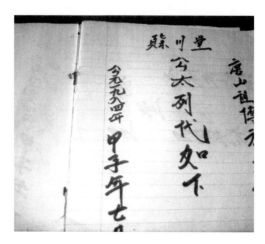

陳氏族譜

了一個完整的四代同堂的例子，此家人由一對夫妻，其兒子兒媳們，孫子孫媳們和未婚孫女們，以及曾孫子女們所組成。直到女兒結婚，她們才會離開家戶與丈夫同住。

　　有些家庭會將族譜記載成書以作留存。族譜多半由長子繼承，不過其他的兒子也可另外再製複本保存。以上圖「陳氏族譜」為例，陳先生為長子，從過世的父親那繼承了他祖父從中國帶來的族譜，由於已殘破不堪，因此此資料已轉載到新的本子中。他的弟弟們也都謄寫了一份作為記述家族的方式。這是他們維持家族延續的一貫做法，以書面記載而非追究遺產（比如土地或房子）形式。他們時時講述祖先如何輾轉至此，並擁地自居，然後傳至下一代。雖然像這樣的歷史事件可以追本溯源至一個家族，卻無法上溯遠至中國所發生的事件。陳先生保存的族譜裡詳盡記載下他的親屬關係以及祖居地，族譜的存在是保存家族歷史和家族延續的一種做法。

　　族譜上的這一頁顯示了陳氏家族的「家」（客家話發音為'ka'）。之後的頁數是「房」（客家話發音為'fòng'），記錄了兒子各自的夫妻家庭。在「家」中，所有的成員住在同個屋簷下或是同棟房

陳氏家族第二十代父母和七個兒子的所有名字

子。一旦結婚，「房」就會有一處獨立住所並就此開始擴大。

　　族譜中載有祖先的名字，一有重要慶典比如婚禮的奉茶儀式，會邀請祖先參加。這些祖先象徵性代表著家族始祖，可以遠溯至一個主要的祖宗。夫妻家庭或「房」形成了家族的分支。因此，為了保佑家族興旺、兒孫滿堂，祖先在婚姻儀式中是很重要的。只有在婚禮時才會召喚祖先，其他慶典例如清明節或是中元節（中元普渡），通常只會追思上至過世的兩代。

　　婚姻攸關生存及延續，清明節和中元節則是悼念死者。婚姻是家庭延續的一種形式，而尋求祖先保佑的目的則是希望家族可以接續「開花結果」、「生長蔓延」。畢竟，祭拜祖先的受益者不只是這對新人，還有整個家族的成員。

家戶（household）與家庭（family）

　　英文的household這個詞定義模糊，因為它結合了不同的元素：宗族、婚姻、關係，甚至人的實際存在。按照一般定義，只有男性成員（兒子）才能執行家庭擴張的任務，女性成員（女兒）並沒有永久家

庭成員權。然而現在household這個詞和family已經有所不同。Wang（1985: 50）承認兩個用詞不同，並指出定義家庭（family）是第一要務。

謝繼昌（1981: 65）提供了以下的定義：

> 家庭（family）是由有親屬關係的一群人所組成的經濟單位，也是由同住在一個住所的整體成員所組成的單位，他們有嗣續繼承的權利和義務。

根據我對謝繼昌的定義之了解，牽涉到多個家庭的下一個多層次運作，就是他所謂的household（家戶）這個詞。因此，一個家戶就是同住一屋且經濟互助、甚至共享食物的一群人。他們活動的參與不限於家戶核心之內。以新加坡為例（謝繼昌，1981: 40），其經濟是由工資所得與經濟作物栽培帶動，家庭成員離開家鄉到異地討生活，做工或是從事其他行業，替家庭帶來收入。含有一個基本家庭的家戶中，男性在外賺錢，妻小在家幫忙照料農田。不過，若是家戶中有更多的男丁，其中一個或多個則會留下在家附近的田地工作，女性會待在家中做家務事。

我觀察到大富村有相同的模式，女性多半在家操持家務，甚至照料家庭的農地，有些婦女會兼差做燕窩處理。在一個家戶中，當先生到村外工作時，妯娌間會分工合作處理燕窩。工作參與的程度多半視家庭大小或農地或家族生意規模而定，小規模土地不需要全部男性成員參與，通常只會有一名兄弟留守村落，其他人會到外地工作。若是土地或生意經營規模較大，大部分的兄弟會留下。有鑑於經營自家生意其實比替外人工作來得自由，因此大部分人寧願待在村落幫忙家裡。

然而，在1980年代初期解嚴之後，大富村人口嚴重外流至馬來西亞的其他地區。也有很多年輕人開始外移到汶萊工作，近年來新加坡

也成了另一項選擇。留在村落照顧家人的人數很少。我相信人們對大富村社群的看法是驅使年輕一輩離鄉至異地工作的主因。對共產黨的刻板印象與對新村村民的缺乏信任可能致使他們想要離開。有女性經由媒妁之言嫁給汶萊當地的華人，汶萊當時很搶手，因為當地華人不多且大部分是男性。儘管許多人離家到國外謀生，不過仍是有很多年輕一代的客家兒女回到大富村。由於他們缺乏教育和經驗，在海外通常只能從事低薪工作。唯一的好處是外幣兌換馬幣的高匯率，讓他們能存點錢，很多人想把在國外賺的錢帶回家，希望有一天可以在鄰近地區購買土地或房子永久定居。向政府申請土地規定相當多，其中包括原先住在家戶的人口數，以及當家裡空間不足時則需要有人移出。申請人也必須已婚，有穩定收入，村民認為這是要確定申請人在未來順利申請到土地時，有能力在土地上蓋房子的一項標準。

Cohen（1970: 21）主張家庭在居住安排和經濟關係上可顯示出多種變化，它有可能是一個家戶，但其中所有同住的成員缺乏一個像家的安排。在大富村，家庭和家戶在客家方言都是以vuk ka（屋下）表示，vuk ka字面上的意思是「在屋子下面」，而vuk ka nyîn（屋下人）意指家庭成員，通常是同住在一間屋子裡的人，也用來稱一個聯合家庭和其各自的「房」（或稱夫妻家庭）。這個定義並不明確，這麼說是因為，當我問受訪者他們的「屋下人」有哪些成員時，他們必須停下來想想才能回答。他們的答案中，「屋下人」的成員範圍從與父母的同居成員到離家在國外（例如新加坡）工作的成員也算。有些受訪者的答案是所有同宗族的人都是「屋下人」，意思是遠房親戚，比如父母和祖父母的表堂兄弟姊妹都算是「屋下人」。在另一個時候，也就是在議婚期間，新郎和新娘雙方家庭都是使用「屋下」這個詞。

我現在舉一個議婚例子能更清楚說明家庭的定義。在婚禮籌備期間，賓客邀請名單擬好時，媒人通常會進行婚事商討，新娘的母親可能會問媒人、新郎或新郎的母親，他們的「屋下」有哪些人。在一個

多代同堂的大家庭中，假如新郎與父母和他已婚及未婚的兄弟姊妹同住，「屋下」會包括他們所有人。這同樣適用於叔伯姑嬸也同住的情況。這裡比較適當的詞應該是「家戶成員」（household members），但是大富村民也稱他們為「屋下」。對他們來說，同住一個屋簷下的人都會被視為家庭成員（family members）。假如新郎有兄弟姊妹在國外工作，例如新加坡，他們也算是家庭的一員，只不過不在村裡。換句話說，有親屬關係但是實際沒有同住的人，不但被認為是家庭成員也是家戶的一部分，因為他們對家庭的經濟福利有所貢獻。假若新郎的手足，不論男女，已經結婚或遷出，此人的名字則會從「屋下」的名單中刪除，意思是他們不在同一個「屋下」，因為他們實際上不再同住一個住所了。一旦有人結婚，大家庭即分裂。儘管是父系家庭，搬出家門的已婚兄弟就已自立門戶，華語稱為「房」。只有未婚的兄弟才會與新郎同住。即使從「屋下」名單中消失，他們還是會被提起，鄰居也會將他們列入像婚禮這樣正式的活動邀請名單中。

透過研究「屋下」兩個字，我從另一個角度分析這個詞的特徵。第一個字「屋」，意思是實質意義上的房子，第二個字「下」，意思是在下方（beneath）或是底下（under）。字面上，「屋下」是用來定義同住一個屋簷下或房子裡的人。讓我回頭說明之前所提的婚禮邀請名單的例子。發送喜帖時，賓客名單上會包括所有同住一間屋子裡的人和其他直系親屬成員，比如無法趕上婚禮的未婚兄弟姊妹。所以，雖然他們的名字已被移除，但在正式的場合中還是「屋下」的一部分。只是他們的名字不會出現在平常的聊天和活動中。

Cohen（1970: 21）在南臺灣的客家社群所進行的研究中寫到，「房」和「家」是華人親屬體系中最基本的單位。在以上的例子中，「房」係指由兒子包括其妻子和子女所組成的父系家庭分支，也稱做夫妻家庭，是為「家」的延伸分開的單位。Cohen提到「家」是以血緣、婚姻或甚至收養關係所形成的一個經濟共同體。這就是我所稱的家戶。

一旦「房」自己形成一個分開的單位時，作用就不只是個單位名稱而已。在「房」的範圍內，新郎和新娘在財產權利以及經濟資源方面都擁有自主權（Cohen, 1970）。Cohen使用了新娘一詞，原因是新娘在婚後有支配嫁妝（如現金和財產）的權利，她可能會選擇長久保存嫁妝，也可能在適當的時機自願將財產傳給子女，或是選擇與先生分享。Cohen使用了「獨立財產主」（independent property holder）這個詞來指新娘或「房」裡的母親。作為獨立財產主，新娘所收到的一切完全屬於她。新郎不是獨立財產主，因為他繼承的物品和財產要傳下去給子女，在父系社會中特別是要傳給兒子，這與他父親的財產分配方式是類似的。新娘可能會被視為「房」的威脅，因為她對「房」所擁有或所收受的財產有其權利，這些財產通常是其他形式，比如新郎的父親所有的財產。新娘甚至也會被視為「家」的威脅，特別是在剛結婚時，因為一般而言，婚姻生活的前期階段，她會在先生的家裡度過。

　　從好的方面看，新娘實際上是一個「家」的成長實體，如此，「家」可以擴大，更重要的是，「家」會延續家族。沒有新娘，家族就無法延續。這等於是對祖先不孝最嚴重的形式。

　　一群說著同樣方言的人稱呼自己為「自家人」（客語發音ji ka nyin）是很普遍的，「自家人」字面上的意思是「我們自己家庭的成員」。此用詞中所指的「家庭」只是一個專門術語，用來定義關係親近及群聚使用相同方言的人，而非有任何血緣關係的人，雖然其中有些人可能是在某種意義有親屬關係。Cohen（1970: 22）也寫到，多代以前有著同一祖先或同一姓氏的人，即使家族上的關係已不可考，仍會稱自己為「同一家的人」。當他們屬於同一家，就可以聲稱他們之間有親屬關係，也因此可以提出對財產的所有權，例如土地和房子。大富村的土地是政府授予村民的，他們是合法的土地持有者。「家」的成員因此可以聲稱土地所有權或是要求土地繼承。

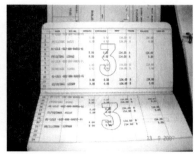

土地權狀（左）和退租簿（右）為土地所有權的證明

個案分析：陳先生的家庭

陳先生住在大富村。他的祖父靠著胡椒種植販賣賺了大錢並買下了35哩和24哩的土地，他過世的父親繼承了土地，轉而均分給四個兒子。陳先生是長子，他繼承了24哩的土地，即鹿邦。他的弟弟們也同住於此，但是最後陳先生因為太太的婆媳衝突而搬出去住。這時剛好有位寡婦要賣房子，因為她的兒子們都替共產黨作戰過世了，沒有子嗣繼承。於是陳先生買下房子，與太太和九個孩子住進去。他仍然保有從亡父繼承來的那塊土地的所有權。家裡的房子現在只有他的大弟（次子）住在那。他的二弟（三子）跟陳先生交換了自己的35哩地之後，搬到24哩並在那裡蓋自己的房子。么弟（四子）和他的家人也搬到大富村安頓，房子是跟一個福州家庭[23] 買的。

大體上，陳先生的家庭可以用兩個方式說明。大規模來看，這個聯合家庭包括他的三個弟弟的家庭，小規模來說，陳先生有他自己的折衷家庭，由七個女兒和兩個兒子組成。其中長子是領養的，同住一棟房子，另一個兒子在新加坡工作；女兒都結婚了，搬到附近村落或國外住在自己的房子，兩個兒子還是單身。華人新年是一年中陳先生

---

23 這個來自英吉利里（Engkilili）的福州家庭是在第二階段的驅離行動中被政府移居到大富村。在緊急狀態及宵禁解除後，他們又搬回英吉利里。

所有子女會回到大富村團聚的唯一時間，在其他節慶期間，比如清明節，只有長子會幫忙掃墓。

以前陳先生至少在清明節會和弟弟團聚，他們會一起清掃父母和祖父母的墓。不過，他們已經有超過十年沒有這樣做了。這並不代表兄弟們忽略了他們必須掃墓上香的共同責任和義務。他們會在清明節之前各自在不同日期先行掃墓。陳太太告訴我，因為工作的關係，陳家兄弟覺得要找到合適每個人的時間實在很困難。再者，他們各有不同的生活方式，所以選擇比較適合自己的時間去上香，通常是在清明節前一週甚至兩週前。雖然實際上沒有一同前去，但是陳先生的聯合家庭採取了現代化方式來履行共同責任，他們平均分攤一起進行這項任務，但是未必每個人都要在同一天出現。

另一個例子是，當陳先生的姪子（弟弟的兒子）結婚時，喜帖會發送給「屋下人」，這就包括了所有兄弟的家庭和新娘家庭中所有的父系及母系家庭成員。這就是聯合家庭團聚的一個例子，因為在過程中要祭拜祖先以及邀請家庭成員參加奉茶儀式。在這期間，更廣大的家庭單位，包括去世的成員，會因此團聚一起。其他重大事件（例如有人過世）家人也會團聚，這通常是作為一個宗教單位（religious unit）。不過也有例外，當親戚過世，比如伯叔舅，這時已婚的女性家庭成員（甥姪女）沒有義務參加喪禮，但是兄弟的妻子則必須出席，因為她們是先生的父系親屬。陳先生的折衷家庭可被視為一個經濟單位，他的子女擁有財產繼承的權利。

在大富村，家庭的雛形是一個經濟單位。第一代移民隻身來此，沒有任何親屬。他們最初在鹿邦合法定居，政府授予他們正式的土地權。1965年重遷到大富村時，政府也撥放土地給村民。此外，每個家庭領有馬幣1,500元[24] 的津貼建立家園。新村的基礎建設較完善，使得村民廢置他們在鹿邦的舊有財產。就如今日所見，這個區域已成了

---

24 2007年相當於馬幣6,370元。

菜園和飼養家禽的農場。這些財產包括鹿邦地區的土地和大富村的房子及土地，假如有現金也算在內，這些財產會依合法繼承的人數劃分。當家庭的男性家長（patriarch）或父親過世時，家族事業也會被分配。此時，會指派一位新的「領導者」掌管事業。遺囑可能事先擬好，通常過世父親的遺願是所有兒子會在新領導者的帶領下共同管理家族事業。新的領導者通常也是新的家長，他們會一起維持家庭的經濟單位。兄弟們有時候會選擇不加入家庭事業，自己另行創業，因而在他們之中形成新的經濟單位。他們唯一的相聚時間是作為一個宗教單位的時候，譬如清明節或婚姻這樣的家庭場合。

由於家庭也是以一個相同姓氏的群體來定義，因此同姓結合受到強烈禁止，怕他們可能會追溯到同一家族。大富村民普遍認為，有親屬關係的婚姻，包括同姓氏通婚的結果，會產生有智能障礙的後代。有親屬關係但不同姓氏的兩個人可通婚，前提為他們必須是同輩且非父系交表（cross cousins），亦即父親的姊妹的子女。在大富村，母系平表（parallel cousins）和交表婚姻，亦即母親的兄弟姊妹之子女間的通婚，是很稀鬆平常的。

女性作為獨立財產主

在父系社會裡，家庭的財產是由男性成員聯合所有，這些議題必須透過婚姻和折衷家庭的形成，從大家庭的方面來處理。只有在該代最年長的成員過世時，才可以分家產且平均分配，不過已婚男性也有可能在父親在世時選擇先拿走自己的一份。兄弟之間不會阻止對方索取自己的那份家產。如同Freedman（1979）所寫，簡單地說，兒子（們）是財產所有者。不論是以何種方式分產，有些聯合房產（joint estate）可能會以共有的方式保留，也許會在此地舉辦所有成員可以一同參加的家族性活動（Freedman, 1979）。Freedman（1979: 259）也寫到，某些財產權是女性所有。女性出嫁時會帶著財物——家庭用

品、衣服和珠寶——到新家，這些通常是禮物，數量頗多。嫁新娘的家庭是不如娶新娘的家庭，因此為了避免丟臉，他們會盡量配合可負擔的部分，新娘在婚後也可以出外工作來累積自己的財富。這對新人在更大家庭領域中的私領域，也是他們開始夫妻生活的新房，其內的家具和物品是他們的聯合財產（joint properties）（Freedman, 1979）。此外，先生過世時，她有權要求先生的那份家產並成為財產管理人或監護人，因為此時她接任了家中最年長的角色。雖然兒子是直接從父母那裡繼承財產並有義務要將家產傳下去給其子，不過，就如同Freedman（1970: 295）和Cohen（1970）的說法，女性是華人社會中唯一的獨立財產主，她們的財產不用分享也不必分給子女，沒有任何明文規定女性必須放棄她們的財產。

女性的子宮家庭（Uterine Family）

女性的地位停滯很久一段時間。然而，在1980年代女性移民到汶萊日增，後來在1990年代初期轉移至新加坡時，大富村慢慢經歷了父權的瓦解，越來越多女性從事有薪工作，大富村的父權權威削弱，是因為家庭成員開始搬到外面居住和工作。像Diamond（1975）、Latrille及Verdon（2007）注意到，儘管女性有薪工作的增加以及父系家族式微，女性的地位卻未能改善，大富村所經歷的變遷仍未達崩盤地步，只是逐漸衰弱。作為男性家長，他是應該下達命令讓成員遵守，他會希望看到成員照顧他的生意或照料他的農場。然而，很多人不聽從男性家長的要求，選擇不留在大富村，因此造成家長無法控制成員想做的事。這個問題很嚴重，因為有更多的女性家庭成員搬出去住。在傳統華人觀念中，女性是直接聽從男性家長、待在家中的。

像大富村這樣的一個父系和從夫居的社會中，女性的角色與地位會根據家庭發展的循環以及她人生所經歷的條件和情況而改變。當女性出生時，她被稱作「妹」，意思是女兒。在家庭中，她必須遵從父

母和兄姊。當她長大成年，這時通常是父母眼中的適婚年齡，她在找到父母喜歡且合適自己的另一半時，就會考慮結婚。在整個成長歲月中，她一直是父母和兄姊的下屬。在她結婚當天，「新娘」被視為力量最強大的人。

在大富村，很多人提醒我新娘是「力量最強大或是地位最高大」的人。我引述一位男性村民的說法：*"Yî tsùi thài. Kim nyit mak kài nyîn to kiang yî, chhû liáu kài Thien Kung"*（佢最大。今日乜個人都驚佢，除了個天公），這句的意思是「她（新娘）最大。除了天公外，今日人人都怕她」。一般認為新娘擁有一種強大的力量叫做「煞」，在她人生唯一的一天，即婚禮當天，她自然擁有這股力量。「大」這個用詞也表示一位有最高地位的人。她這樣有權的地位並沒有維持很久，因為當她在奉茶儀式中一開始向新郎祖先敬茶時，力量就漸漸衰減。這表示她的新家庭接納了她，她開始進入人生的另一個階段。她開始使用正確的稱謂來稱呼夫家的新姻親成員。她以前只聽過母親用這樣的方式稱呼自己的姻親。在第五章婚姻過程和「煞」的部分對此會有詳細說明。

作為夫家的新成員，新娘必須學習新家的規矩和「習慣」。婚前在母親的命令之下生活多年，她現在突然發現自己是在一個新的人──她的婆婆──的管轄下。這個改變可能很突然，因為她才剛搬入新家與先生、先生的兄弟和家人及先生的父系家庭同住。對她來說，假如她在進門前快速學會適應新環境，幫忙婆婆減輕工作負擔，這會是一個優勢。假如她恰巧是家裡唯一的媳婦，會被指望要接管婆婆的工作，除了家庭雜務比如燒飯、洗衣、打掃家裡和院子，如果有經營生意，可能最後她也要幫忙照顧。若是家裡有其他媳婦，她很有可能地位落至最低，如果不是由婆婆直接管理，她會是在長媳的監督之下。

媳婦將承擔越來越多的工作，通常工作由婆婆指派。不用別人說她就得早起做家事，可能要煮三餐給整個家庭吃。她可能有晚起、偷

懶不做家事的舊習，這些是她婚前享有的特權。假如仍然有這樣的習慣，她的媳婦生活會很痛苦。婆婆可能會間接向她先生或兒子或女兒們抱怨，這些話就會傳至媳婦那，她就必須盡快且沒有理由地改變她的生活。媳婦公開對婆婆頂嘴是不敬的行為，類似的行為是被強烈禁止的，也包括跟自己的先生或媽媽抱怨。不管何種行為，她必須小心表現出她的委屈和牢騷，因為處理不好可能致使夫家對她的厭惡。

當媳婦懷孕時，婆婆會是第一個告知她懷孕期間的禁忌，也會去廟宇替準媽媽尋求神明保佑，並帶回護身符給媳婦驅邪。懷孕期間，媳婦的家事量減少，她會在家多休息，身體活動也有所限制。只有在懷孕期，她的地位與之前相比是略微提高。甚至妯娌也會很配合，與她分享自身的懷孕經驗並給予建議，這時妯娌間的緊張氣氛會減緩。

媳婦在第一胎出生時，正式成為母親。她替先生的家庭增添了一個後代，同時也組成了自己的家庭。現在，婆婆和她的利益可能開始重疊。同住一個屋內的折衷家庭裡會有其他媳婦存在，她們也會互相爭寵討婆婆歡心。她們當然希望分家產時可以分得比較大份，這通常會在公公過世時發生，獲得婆婆的青睞將有利於她們所追求的利益。

折衷家庭中存在著另一種稱為子宮家庭（uterine family）的形式，是由母親和其子女所形成。「子宮家庭」一詞是由Margery Wolf（1972）所創。最終當兒子結婚時，他的妻小將會形成下一階段的子宮家庭。媳婦會為她所帶領的子宮家庭爭取利益。Wolf（1972）提到，這也是關於家產的衝突或緊張之來源。每個子宮家庭會保護自己的福利。子宮家庭可能包括也可能不包括折衷家庭裡的丈夫或兒子（Wolf, 1972）。未含兒子或丈夫的子宮家庭內，婆媳間的利益衝突加劇。婆婆會盡力將已婚兒子與其家庭保留在她家戶中自己的子宮家庭內。若是她的兒子決定要加入妻子的子宮家庭，那他很可能在分家或妻子想要時遷出。然而，假如婆媳關係良好，兒子的夫妻家庭則會留下。

子宮家庭間的關係一直充滿對立緊張，因為媳婦和其子女進入

後，產生許多新利益。由女性領導的子宮家庭有著各自不同的利益。這些女性領導者對家庭來說是「外來者」，因為她們是嫁入此家庭的。大富村大部分的家庭由大家庭或聯合家庭的形式所組成，家庭內的另一樁婚姻將會使子宮家庭的氣氛更緊張。婚姻替家庭引進一名新成員，也使家庭消耗掉相當多的錢財。新成員要如何好好適應新家庭又是另一回事。可以確定的是，婆婆在媳婦進門前所建立的主要子宮家庭可能因此受到影響或威脅。

第四章　女性與婚姻

華人社會婚姻

在華人社會中，婚姻是女性一生中的重要一步，華人女性不能永遠與父母或是原生家庭同住，她必須結婚，只有結了婚，她往後的人生和死後才有一個永遠的住所。她原生家庭的住所將由她的男性手足掌管，假如她仍未嫁且住在原生家庭裡，她則會在父母過世後，從屬於兄弟和嫂子及弟妹，在家庭的地位會被降至「傭人」的位置，幫忙家裡的雜事，完全沒有任何決定權。這些單身的熟齡女性常常會被嫂嫂或弟妹嘲笑，也會成為他人的八卦話題。未婚者有時候會被嘲笑是古怪、精神不穩、個性孤僻等等。所以即使到今天，華人女性仍是不斷被催著去尋找對象，趁年輕早早結婚。一般認為早婚是一種優勢，因為年輕時擇偶選擇較多，也較有吸引力，在華人社群中男性願意娶年紀較大女性的情況仍不普遍。年長的村民早婚是因當時他們的社經情況比較窮苦，過去的年代教育不普及，因此就業機會很少，很多人只好在村落或是農場工作。

隨著教育的進步與發展，男女皆有平等機會接受教育，但以就業機會和性別角色而言，華人社群之中依然有差距。已婚女性的潛在資源並沒有被充分利用，即使受過教育訓練也不例外，這完全是因為受到傳統女性家庭角色的期待所限制（Yao, 1983）：三從四德。對華人女性來說，為了對社會有所貢獻，也要維護尊敬男性的華人傳統（未嫁從父，既嫁從夫，夫死從子），她一生中對父親、丈夫和兒子的行為（婦德）、言論（婦言）、容儀（婦容）必須合乎禮儀。工作方面（婦功），她必須能夠執行家庭範圍內大部分的工作，如織布、下田、洗衣、煮飯等所有男性不願意做的事。簡言之，傳統華人對家庭的理想看法是丈夫和子女處於受敬重的地位。華人女性在婚姻中不容

置疑的首要事項是生育子女，絕對順從先生，這樣她就可以達到一個具備婦德的妻子及好母親的標準。

我在大富村進行調查，蒐集婚姻議題相關資料和大富村民對婚姻的看法。受訪者由不同年齡的已婚女性組成，我當時將她們重新分組以便分析。

在大富村，相較於66歲以上的受訪者，年紀40歲（含40）以下的受訪者較晚婚。依受訪者的年齡層，大致可分成三組主要的女性結婚年齡。第一組年齡層是26~45歲較年輕的女性，平均而言在23~25歲結婚，平均婚齡中間值為23~25歲。第二組年齡層由46~65歲的中年女性組成，平均結婚年齡在22~23歲，中間值從20.5~22歲。最後一組年齡層是66歲及以上較年長的女性，相較於其他年齡層，她們早婚許多，平均在18~21歲結婚，平均婚齡中間值18~20.5歲。我刻意將最年輕的一組受訪者排除，此組只有8人，年紀21~25歲。我可以直接從這樣的數據資料詮釋的是，近年來早婚者的婚齡約在20歲，與下一個

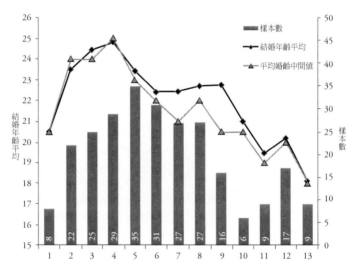

圖7：不同年齡層的平均結婚年齡以及各年齡層的受訪人數

年齡層的平均婚齡相差三年，這可能導致資料不準確或影響圖表上的趨勢。這8名調查對象中，只有1名不覺得自己大致上比其他人在更年輕時結婚，其中7名是戀愛結婚，只有1名是透過媒妁之言。這組年齡層的受訪人數之少也反映出女性不願意這麼年輕就結婚。

女性對婚姻的看法

為了進行研究，我多次到訪大富村，對村民來說我已不再是陌生人，他們知道我的目的是要針對他們的婚姻儀式進行相關研究。我沒有問很直接的問題，例如她們對婚姻的看法等等，反而設身處地思考她們會喜歡何種方式進行這樣的問題。首先，我想知道她們對現在女性的婚姻與自己婚姻的看法。這能使我對她們的想法有初步的了解，也讓我知道她們對這些年來婚姻變遷的看法有何差異。

261位受訪者中有160位認為她們結婚年齡適中。然而，超過半數的受訪者表示，相較於過去，現代女性晚婚許多。圖8清楚顯示出現在女性普遍晚婚的情形。

現在女性相對晚婚的現象可以歸納出多個原因。由於教育及就業

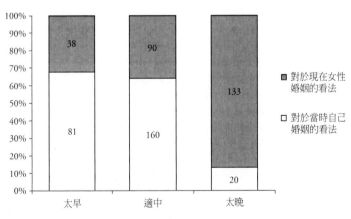

圖8：大富村女性對結婚年齡的看法（圖表中的數字顯示受訪者人數）

機會提升，女性從事有薪工作的比例增加，超過三分之一（37.2%）的受訪者認為事業和教育使得她們延後結婚計畫。這清楚表示女性以事業和教育作為優先考量，而非將生活重點放在婚姻和建立家庭上。此外，累計達25.3%的受訪者認為晚婚現象沒有特別原因，她們隨時都可能考慮結婚，她們會將婚姻交由機會（13.0%）和命運（12.3%）來決定。另外的11.1%思想開放，假如選擇結婚，她們不會在意結婚年齡。只有44名受訪者認為女性偏好晚婚是因個人原因，其中32人覺得女性想獨立，7人認為女性要先享受生活，另外5位認為晚婚原因是個人選擇。

表2：晚婚原因以及受訪者人數（括弧內為百分比）

原因	受訪人數
事業及求學	97 (37.2%)
視當時的情況而定（機會）	34 (13.0%)
看命運安排	32 (12.3%)
想要獨立	32 (12.3%)
年齡不是問題 / 隨時可以結婚	29 (11.1%)
覺得晚婚比早婚好	12 (4.6%)
懷孕	10 (3.8%)
享受生活	7 (2.7%)
新世代，新選擇	5 (1.9%)
財務困難	3 (1.1%)

然而，我也必須指出以上的資訊是根據受訪者的看法得出的結論。家庭背景以及其他女性家庭成員結婚，都會對她們認為自己早或晚婚的看法造成影響，她們的看法可能來自與姊妹或媽媽的比較。舉例來說，三名在26~29歲結婚的受訪者可能會表示自己早婚，不過事實上，她們的婚齡卻高於同年齡層的平均，之所以自認為已經很早婚，是因為她們將自己與其他更晚婚的家庭成員做比較。

表3：馬來西亞和新加坡的初婚平均年齡

年	馬來西亞*		新加坡 #		
	1991	2000	1984	1994	2004
初婚平均婚齡	26	27	25.2	26.6	27.7

資料來源：* Tey Nai Peng, 2004；# 2004年新加坡統計部門。

　　大富村所有年齡層的平均結婚年齡都未超過25歲，低於馬來西亞和新加坡的平均結婚年齡。

　　大富村民平常對話中談到婚姻很普遍，尤其有年輕女性在場時。在路上遇到女性時，村民通常會問 *"ket fun liáu mô?"*「結婚了嗎？」已婚者會回答：*"ket liáu"*「結了」，而未婚者會說：*"mâng"* [25]「還沒」。大富村民經由公證結婚（civil marriage）完成合法婚姻的情況很常見，這是一個簡單的過程，通常在戶籍管理辦公處或客家機構，新人在證人及宣誓公證人面前簽下結婚證書，村民認為公證方式的婚姻要舉行公開儀式後才算完整。

　　原則上，婚姻包含雙重過程：婚姻登記和婚姻儀式。婚姻登記是法律上的過程，稱為 'chiam tshù' 簽字，或是簽約，婚姻可視為雙方的合約。法律上已婚但尚未舉行儀式的未婚同居情況很少見，假如他們在這個階段同居，會引起許多閒話。儘管會受到惡意批評，還是有些大富村女孩在申請到國立師範學院提供的宿舍名額之後，先登記結婚，暫不舉辦婚禮。有時登記和婚禮之間會相差幾年，這有個特別的原因：她們不想在畢業後被分發到比較內陸地區，將剛畢業的教師分派到偏遠地區的情況很普遍，但已婚教師通常有豁免權，她們會被派駐到先生的居住地或工作地。由於害怕必須到偏遠地區落腳，所以若有穩定交往的男友，這些女生會選擇將婚姻合法化，有時候，她們會在在學訓練期間辦理婚姻登記。

---

25 客家字 'mâng' 沒有相對應的中文字。

一名在大富村的國小教書的受訪者，向我透露她在得知可以進入美里師範學院後先去登記結婚的始末。在告知父母並得到認可時就出發到西連辦理婚姻登記，這些事全都在她前往學校前一週完成。到學校報到時，她的正式身分是「已婚」。三年後畢業，她被安排到在附近來拓村內的一所學校。在校服務十一年後，她被轉調到大富村。直至畢業後三年她才舉辦婚禮。如此做法並非特例，與她同校畢業的同事也都採取同樣方式，她們深怕被分發到鄉下地區。

　　大富村民認為公證結婚和儀式婚姻是兩種不同的實體。賴太太（非本名）曾經告訴我她的女兒先登記結婚是為了方便起見，尤其在工作方面。賴太太聽說我在大富村做研究，在我進行訪談時找到我，我們就到村裡的一間店裡聊聊。事實上，她覺得她女兒有跟我類似的教育背景。

　　賴太太說她有個女兒在敦阿都拉薩中學（Tun Abdul Razak Secondary School）教書，她覺得女兒很幸運能分到附近的學校。她女兒在2006年參加了一個教育訓練學程，是她在畢業後由師範學院提供的大學畢業生特訓，當她得知可以順利入學時，馬上和同為大富村人的男朋友登記結婚，修業完成後，她被分派到附近的中學。賴太太認為假如當時女兒沒有先辦理結婚登記，就會被派到較偏僻的學校。她的想法也的確被證實，因為她女兒的一些單身同窗都分配到鄉下地區。對賴太太和女兒來說，婚姻登記是圖方便的權宜之計。賴太太的女兒在畢業後被指派到一所女子寄宿學校擔任舍監，學校要求她要住校，但她依然經常回家探望父母，放長假時則回家跟父母住。此例中，因為政府的教育部門認定她已婚，於是分派她到大富村附近的學校，但是學校認為她仍是單身，因為依照當地的看法與認知，她尚未舉行儀式婚姻，絕非合乎禮俗的新娘，因此大富村民不覺得她已婚。她說：「我還沒有當新娘，所以不能說我是真的結婚了。」雖然法律上已婚，但在大富村民眼中，她仍舊是單身。

婚姻過程與籌備

「以前，婚姻儀式簡單許多。我們當時很窮而且買不起什麼東西。我們沒有年輕一輩的人現在有的精緻的物品。」這是一名年約50出頭的婦人所說，她的兒子一星期後就要結婚。

「婚姻是一生一次的大事。所有的事情都要符合禮俗，尤其是在婚禮當天，要祭拜祖先和舉行奉茶儀式。」一名年紀近60歲的婦女說。

以上兩種說法明顯相反。兩方年紀大約相同，對婚姻儀式卻有著不同的意見。其中一人強調婚姻儀式要安排得越精緻越好，因為這是一生一次的大事。另外一名則是感歎年輕一輩的人把儀式弄得很複雜，完全不是她那個年代的狀況，聽得出來她當時是選擇了簡單許多的儀式。

婚姻是家庭事務，通常會是整個家庭的參與。每個人有自己對婚姻的意見或對婚姻儀式舉辦方式的喜好。較年輕的一輩偏愛都市化風格的婚禮。他們喜歡簡化繁複的儀式，或是如同一位受訪者所說 "to kahwin koboi"，就是最簡單的婚禮。事實上，當地正確的說法是 kahwin ala kadar，意思是財力與能力可負擔範圍內之婚禮。kahwin koboi一詞是用來指「私奔婚禮」（eloped marriage）的慣用說法。雖然新人寧願舉辦一個化繁為簡的婚禮，但通常無法達成。在一次觀禮中，正在準備新娘要跨過的火爐的新郎姑姑告訴我，她們必須隨時在旁提點新人，哪些該做，哪些不該。她說儘管這對新人想省略許多儀式，終究不能如願，因為村子仍有年長的一輩，他們依舊堅持傳統的婚姻儀式。

相較於其他社群，我認為華人的婚禮既複雜又麻煩，諸多繁文縟節要遵守。華人認為禮俗相當重要，因為很多婚後發生的離奇事件，

最後追查出都是因遺漏了一些禮節規矩所引起。當地人認為夫妻間和婆媳間的和諧關係可能因此受到影響，最嚴重的可能情況是，新娘無法受孕生子。我認為，華人婚姻體制下的社會懲罰和信仰，使得婚姻儀式非常麻煩。事實上，當地有名兒子即將結婚的媽媽就抱怨說：「中國人很麻煩。我們又要這樣做，又要那樣做（遵照儀式）。假如我們不照做，就會覺得怪怪的。但是如果照著做，我們就要花很多錢！」她再補充說到，其他像是達雅族[26]的社群儀式簡單許多，他們只要殺一頭豬獻祭，準備*tuak*[27]款待貴賓，然後婚禮就完成了。她對華人婚姻的看法是：「現在婚禮鋪張繁雜，花費龐大。過去的儀式很簡單，邀請親戚朋友過來吃個午餐，就這樣。現在人很挑，要求很多。」

大富村有不少地方提供新娘服務，大約十年前，這附近幾乎沒有這樣的行業。這明顯表示當地人的消費能力和需求改變，婚禮的重點已從傳統義務變為複雜精緻的設計安排。雖然過去的婚禮有許多傳統儀式，但是規定和儀式只有一套，因此要遵照進行非常容易。當時人們的選擇比較少，現在人被寵壞了，選擇多到讓他們眼花繚亂，也使得婚前準備更繁複，婚禮籌備費用更高，包括那些往往根本不必要的布置新娘房、拍攝價格高得離譜的婚紗照。

議婚

婚禮即將來臨時，會有人負責安排各項事宜。婚姻儀式屬女性事務，男性幾乎不參與。我注意到母親會成為焦點人物，事實上，一旦她的兒子打算結婚，她就是一切籌備工作的負責人。她如何完成這些工作又是另一回事，因為她或許會請第三者幫忙處理某些部分。在兒

---

26 大富村附近的比達友族社群。受訪者的評論是根據一次她參加比達友婚禮儀式的個人經驗。

27 當地釀的米酒。

子表達想婚的念頭之後，婚儀中的議婚即形成，因此，母親可能會找一位閱歷豐富的親戚做中間人，通常會請有經驗者，他／她會詢問此兒子理想對象的條件，母親也可以雇用一位非親戚而有經驗者來做中間人。

父親在兒子的婚禮籌備期間角色並不重要，他只會在中間人到女方家正式提親後，到女方家作正式的拜訪，與女方及其家人見面。父親拜訪過後，就不再參與任何婚禮準備過程，母親則開始處理後續，比如談聘禮、婚禮安排及其他所需的準備工作。

婚姻是一件家務事，是一個不只關乎結婚新人也與雙方家庭有關的過程與活動。議婚和籌備的主要目的是希望在婚禮當天新娘正式進入新家庭後，就可以開始擔任妻子的角色，接受媳婦的稱謂，若丈夫有其他姊妹同住一戶，她則還有嫂嫂或弟妹的稱謂。因此，母親又焦急又興奮地期待兒子的婚禮，直至婚禮當天，她會準備好儀式的一切前置作業。換句話說，她盡全力替兒子籌辦婚禮。有些儀式像是「安床」，會挑日子舉行，進行此儀式首先要買一張新床，由母親在擇定的日子當天鋪上床單，顏色通常是紅色，有時兒子和父親會幫忙，床單整齊鋪好時，會恭請父親象徵性的輕輕推床表示將床「安置」好。這是個簡單的儀式，只要在選定日當天進行即可，沒有嚴格要求的特定時間。安床之後，新床禁止碰觸或弄亂，任何人都不准睡或坐在床上。「安床」只是婚姻儀式中的六禮之一，我會在之後的章節做深入說明。

婚姻儀式之六禮

從華人的角度看，婚姻是兩個家庭簽訂的一宗契約，一方給予妻子（給妻方），另一方接受妻子（受妻方）。在大富村，一對男女通常在認識至少一年之後才會考慮結婚；若交往不到一年即舉行婚禮，會被認為太過倉促。

雙方父母也會逐漸了解對方的家庭背景，他們可能透過子女或經由與對方熟識的親戚或鄰居。交往中男女的雙方家長不太可能互相見面或拜訪，除非婚約已定。雙方家長相互拜訪的最佳時機是在華人新年[28]，男方及其家長會拜訪女方家庭，從那時起，他們會大概了解對方家庭的狀況，女方家庭也同樣會拜訪男方。兩家人在此階段的關係只是朋友，還不算姻親。通常在此時的拜訪中，雙方父母都有可能替這對交往中男女間接提到結婚的話題，這是公認的適當時機，因為除了友好性的拜訪，這是他們唯一不會讓人聯想到其他不良動機的最好時機。雙方父母在村裡可能早已遇見過數次，不過都不適合討論婚事。事實上，他們不太可能相聚一起，甚至婚後也是。如同前一章的說明，男女雙方家庭的事情通常是透過第三者或中間人處理。

華人婚禮遵循一套特定的禮儀過程，稱為六禮。儒家經典《禮記》[29] 中記載的婚禮是社會遵循的規範。根據馬來西亞的法律，婚姻的成立必須依照1982年馬來西亞法案規定的法律登記。行六禮對華人來說是一件重要的事，未行六禮的婚姻在社會上是不被家庭或社群認可的。Maurice Freedman（1970: 182）寫到：「六禮中制定的一系列禮俗，基本上是所有華人婚姻結構的優先形式，然而，隨著風俗民情會做增減調整。」雖然在不同的華人社群中六禮有些差異和調整，但是這套禮俗仍然被當成華人婚姻的核心結構。

以下兩則案例說明了發起結婚的不同方式。

個案一：

林先生告知父母他想結婚。他的鄰居介紹一名來自西連的女孩給他認識，這對情侶交往將近兩年。林先生是次子，哥哥三年前結婚，育有兩個孩子。當林先生和女友覺得該是自組家庭的時候了，他告知父母。父母得知此事並沒有反對，於是林先生馬上將消息告訴女友，

---

28 華人新年是根據農曆曆法計算。慶祝活動於農曆一月一日開始，連續十五天。

29 《禮記》是一本根據儒家思想彙編而成的文章選集，內容關於古代禮儀、宗教信仰和祭祀儀式。

女友隨即告訴自己母親她想結婚的打算，再由母親告訴父親。之後女方家庭會等待林先生的家人來訪做正式的提親，她的家人絕不會先到林先生家裡討論婚事[30]。

個案二：

張先生的婚事是父母向他提議的，父母告訴他該結婚了。這個例子中，原本是張先生的弟弟計畫要結婚，當父母得知弟弟的計畫時，馬上轉向張先生提出同樣的建議。張先生和女友已交往了一陣子，張先生沒有反對，於是父母就叫他通知女方家長，約定一天見面，如此，他們就可以拜訪女方家庭以便討論更多相關事宜。

張先生的父母請了媒人幫忙談婚事，媒人是男女雙方家庭的中間人[31]，年約60歲的黃先生在大富村是有名氣的媒人兼乩童，熟諳婚姻禮俗、重要日或吉祥日等相關事情，而且在幫村民執行祭祖儀式時也可以充當中間人。雇用黃先生意味著可以省很多事，比如不需要再另尋他人來處理其他的工作。

在以上兩個案例中，男方採取的方式不同。第一例中，當事人自己決定後告知其父母。在第二個案例中，父母向兒子提出該結婚的想法。由父母發起結婚的做法並不常見，在此例中，是因為家中另一名兒子即將結婚。華人通常有長幼有序的觀念，年長的兄姊應當先結婚。所以，當弟弟或甚至妹妹要結婚時，大家會馬上注意到未婚的兄姊，甚至在婚禮當天也是如此。反正，大家的目光焦點就是會從結婚的新人轉移到未婚的那個人！

以上的例子說明了六禮中的第一禮，亦即提親。當一對新人決定

---

30 若是女方懷孕，她的家人無論如何絕不會先到男方家提親或討論婚事。如果女方先主動，外人會懷疑女方的動機，推測女方可能懷孕。一般認為女性婚前懷孕會讓家裡顏面盡失，因此反而會保密，正常進行婚事。

31 中間人有時會由一名處理婚姻事務方面在行的親戚擔任。親戚通常會是比較好的人選，因為女方知道他們是直接與男方直系親屬溝通，因此可以在商談中要求對他們有利的條件。然而，親戚有可能沒有太多時間處理這件事，因為他們也有其他的工作要忙。可能因此產生許多的抱怨和牢騷，尤其是碰到不好處理、需要多次來回談判的案件。若非親戚幫忙，這項差事也可交由非雙方家人的第三方負責。

結婚，男方就會讓父母——通常是母親——知道他的想法。在婚禮過程的第一個禮儀，母親會請中間人，或在當地是稱媒人，告知女方父母。若女方父母同意婚事，媒人下次拜訪女方時就會帶來男方的生辰八字[32]。這是六禮中的第二禮：合八字。合雙方生辰八字的工作會交由算命師完成。這對男女的八字不能「相沖」或「相剋」。通常八字合適度不是問題，因為算命師會建議幾個合適男女雙方的結婚吉日以供選擇。

八字不合稱為「相沖」。然而，不管八字有多不合，還是有「抵銷方法」可以減低不合程度。在大富村有一對男女，依他們的八字看，那一整年只有一天最適合他們結婚，雖然那並不是最好的日子。即使八字不合，他們還是會在擇定日結婚，因為根據信仰，他們倆「相沖」的程度在那天最低。

問完「八字」、定好婚期之後，男方會再次到女方家做正式拜訪。這是第三個禮儀。在此儀式中，男方在父母和媒人陪伴下，會與女方詳細討論婚禮前其他重要的日子，包括送聘金、下聘以及安床等日子，其他像是聘金金額、禮品和婚禮當天流程的重要議題也都會概括論及。

選擇適合新人和其父母的日子舉行儀式，是為了防止壞事降臨在他們身上，這稱為「沖」。若不看日子進行儀式，被「沖」到的一方將會染上疾病或是噩運纏身。除了挑選吉日，也會選定良辰吉時，如此一來，新娘的「煞」就不會太重，否則會冒犯或「犯」天公。

下一次的拜訪（第四個禮儀）通常只有男方和媒人到女方家。女方父母會收到聘金以及含有吉祥寓意的禮品。通常在結婚日（擇定的吉日）一週前，會邀請一位年長已婚且生活美滿的男性參加第五個禮儀，稱為「安床」儀式。一般認為新人床在新人的婚姻生活中扮演重要的角色，它可確保子孫興旺及家庭和諧。有時候新郎的父親會親自

---

32 八字是由天干地支結合出生年月日及時辰所算出來的（Murphy, 2001: 216）。

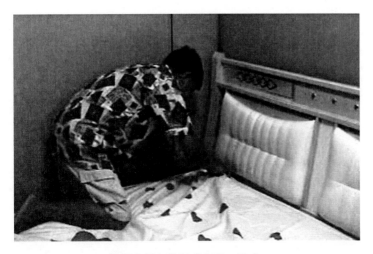

新郎父親在進行「安床」儀式。

進行安床。

　　在最後一個禮儀中，新娘在婚禮當天被轉讓至她的新家庭。她的原生家庭失去了一名成員，也讓自己的資源流至一名潛在的敵人。Freedman（1970: 185）寫到，新娘本人、生育能力、家庭勞務及對家庭的忠誠，全在婚禮儀式中從一個家庭移交至另一個。對男方家庭來說，雖然取得了女方本人以及可能與女方家庭相等的經濟和政治利益的主要權利，但必須考慮到新娘有可能會在他們自己的成員中成為一個干擾源，而且新娘的原生家庭親屬不可能完全切斷與她的關係，這會引發新加入的姻親對自家事務不必要的干涉（Freedman, 1970）。當家庭履行嫁女兒這樣天經地義的義務時，她就與另一個家庭和社群產生了新的姻親關係。

　　遵循婚姻禮俗，事實上是為了確保婚禮按照正確的禮儀舉行。可能有人會問，到底什麼是正確的儀式？我相信每個人對什麼是合乎習俗的儀式都有個人意見，但是大富村民對他們認為的正確習俗有大致的共識。在一場婚禮中，這些儀式必須是社會公認、由村人力行。其中主要事項包括祭拜祖先以祈庇佑新人，以及新組成的家庭能夠延續

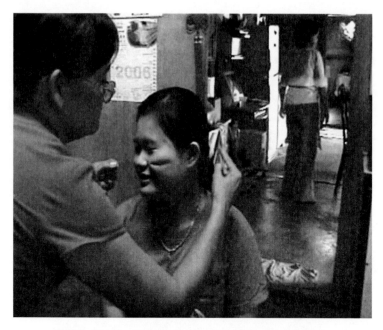

「開臉」儀式：在臉頰上或臉上其他部位拉扯一條紅線。

血脈、繁衍子孫。另一個重要的特點是希望家庭安定和諧，尤其是在一位新成員加入後，這也是一種來自另一家族的「入侵」。

祭拜祖先是所有受訪者在結婚日前所進行的主要形式之儀式，261位受訪者中有171位實際舉行祭祖儀式，只有2位沒有舉行任何儀式。沒有行祭祖儀式者則是進行某種形式的禮俗，像是「開臉」或是至少會舉辦家庭聚餐。幾乎所有受訪者的家長都有收到聘金，4位例外。除了5位，其餘都有舉行奉茶禮。這顯示大富人依然維持婚姻儀式，儘管有些人已經記不得正確的步驟。資料顯示她們至少有進行某種形式的儀式或是禮俗的某部分，因為她們認為婚姻是一生一次的大事，應該按禮俗進行。

我問受訪者是否覺得聘金制度這些禮俗將來會繼續存在？我也問及祭祖和奉茶禮，以及它們是否會繼續存在。儘管她們抱怨祭祖和奉

茶儀式花費甚高又麻煩，80%的人還是覺得這些傳統禮俗會延續。261位受訪者中有212人認為聘金制度會繼續，230人覺得祭祖儀式也會繼續。不認為會繼續的人覺得這些禮俗太過繁複，人們無法一直持續遵循，加上社會現代化，使得這些禮俗看起來過時了。我相信如此高的數據，反映出大富村社群認為有必要維持他們的認同，特別是在婚姻上想依循華人傳統。

聘禮（bride price）與間接嫁妝（indirect dowry）

聘禮是為了迎娶新娘而準備給女方家庭的有價單位，不一定是金錢。陳中民（1985: 117）提及以前在婚禮期間或之後，有金錢與其他貴重物品的轉讓作為聘禮或是嫁妝。根據Freedman（1957: 131）的說法，在華人社群中行聘的聘禮也是買下新娘的權利，可將她留在某人家、使用她來延續某姓氏的後代，以及利用她的家庭勞務。這些權利從新娘的父母親轉讓至新郎的父母親，因為假如是女方招贅而非嫁出，則不會有新娘的勞力和生育能力的轉讓。根據Freedman的說法，聘禮使得這些權利轉讓生效。

一旦新娘的家庭接受男方所準備的聘禮，等於同意將女兒交給新郎的家庭。通常會在議婚過程中言明聘金金額，在選定吉日後，象徵性的送交給女方家長。除了現金，也會有其他形式的禮物。聘金金額雙方會預先定好，有些時候，索取的金額或給予的金額都非常少，表示下聘是一種象徵性表達。不過也有要求龐大聘金的個案，這時候議婚就會一直持續進行直到定出一個雙方都同意的金額。

聘金隨著年長一代到年輕一輩逐步增加。例如，同一家庭中，較年輕的女性會收到比母親或祖母更高金額的聘金。總體趨勢顯示從年長輩到年輕輩的所收到的聘金是往上升的。

嫁妝和給嫁妝的習俗，在大部分華人社群的民族誌記述中經常提及，但是鮮少有人詳細探討（陳中民，1985: 117）。在我的研究中，

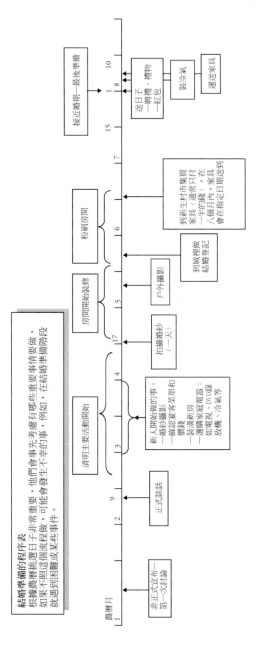

圖9：大富村華人新人婚禮前所需完成的一系列事宜

*農曆5、6月被認為是不吉祥的，但是少數裝潢的活動不會被禁止。

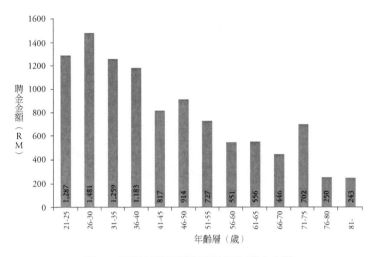

圖10：不同年齡層所收到的平均聘金金額

我用了「聘禮」這個詞指涉新郎的承諾，嫁妝是指新娘家人的承諾。我討論了大富村當地客家社群的聘禮和給嫁妝的習俗、給嫁妝和繼承的關係，以及聘禮和嫁妝對新娘的家庭的意義，尤其是針對父母以及新娘本身。

在大富村，新娘不用擔心結婚時要為她的新房添購家具。在其他國家，如臺灣，嫁妝（比如貴重珠寶）是從新娘原生家庭轉讓至新的夫妻單位，此單位有可能是在新郎家庭中或之外組成（陳中民，1985：117）。在大富村，貴重珠寶形式的嫁妝或是給新娘新房的新家具，都是由新郎或其家人準備。在一次婚禮中，我發現新郎請父母幫忙裝潢新娘房，包括購置新家具和最先進的電器用品，例如電視機或DVD播放機，這些甚至都不是在聘禮清單中新娘要求的項目。

在婚禮前的商議階段，雙方家庭安排會面並商定聘禮清單上的項目。清單是一張紅紙，上面寫有這對新人的生辰八字和聘禮項目。聘禮清單上包括的物品像是：

・聘金；

‧午宴或晚宴，桌數確定；

‧金飾用品，例如金項鍊或戒指；

‧食品，例如豬腿、罐頭食品；以及

‧紅包，贈給女方直系家屬長輩，即健在的祖父母，以及新娘未婚的兄弟姊妹。

清單項目的費用通常由新郎負擔，但是新娘的父母也會提供一些。在收到聘金時，新娘父母會用以給付部分的新娘嫁妝，通常是如聘禮清單所列，贈與她金飾品。當聘金用來完成聘禮清單上的另一項目要求時，我將它稱為「間接嫁妝」（indirect dowry）。在很多其他研究中，人類學家寫到收取聘金的習俗，這樣的話，新娘的父母可以隨後用它來「支付」將新娘嫁入之嫁妝。在大富村，為了顧及面子與避免村民間不必要的八卦流言，新娘父母只好把所有收到的聘金花在嫁妝上，將嫁妝價值加碼。

聘禮清單上也包括要給兄姊的紅包。長輩收到紅包是很普遍的，但是對某些人來說，需要發紅包給未婚的手足聽來可能覺得荒謬。華人相信先於兄姊結婚並不合宜，正常的結婚順序是依據年紀輩分，意思是年長者優先，特別是同性別之間。

在家庭中，輩分相當重要，成員必須遵守嚴格的稱謂規定。例如，年幼的弟妹要稱呼長子為大哥，長女為大姊。年紀小的弟妹有時禮貌上會被稱為二哥，女生則稱「阿妹」，或是有時候只會叫他們的名字，尤其是長子會這樣叫，長子也會稱呼大姊為「大妹」。沒有按稱謂稱呼有時候會受到處罰，有一回我就親眼目睹一位奶奶甩她8歲孫子一巴掌，因為他叫他的哥哥名字。那位奶奶不僅以此好好教導孫子，同時也在維護家庭的尊嚴，如此，其他人就不會說這個家沒家教（'mô kaù chàu' 沒教招）。這對一個家庭來說是一種侮辱，因為這顯示家庭教育的失敗。家庭倫理的長幼輩分很重要，成員必須嚴格遵守這個不成文規定。

送日子（'Sùng Nyit Tsú' 送日子）

　　結婚日前的「訂婚儀式」期間，男方家庭會將第一套嫁妝送至準新娘家中，並告知擇定的婚期，也稱「送日子」或「請期」。我述說一下我在大富村看到的一個事件。這天，新郎由第三方，即媒人，陪伴拜訪準新娘及其家人，有時候會有一位近親跟隨，比如新郎的姑姑。這個儀式只是象徵性的舉行，因為往往雙方早已知道婚期，實際的過程是，新郎會將提議的婚期寫於一張紅紙並交由新娘家人。在現代，新郎也會在此儀式中將要給新娘的聘禮清單交給準新娘。雙方家庭都會盡力委婉商議對自己最有利的條件，新娘的家人希望能要求越多越好，新郎則會盡量將要求減少。雖然雙方家庭並沒有直接增減條件，但常常會透過第三方讓對方聽到他們的不滿。

　　有時候準新人也會收到禮物，這會在「送日子」儀式期間進行。準新人會收到耐用品，而他們的家人會收到消耗品。雖然這應該屬於討論聘禮的一部分，但是習俗上是會帶禮物給新人。事實上，有些禮物是聘禮清單上列出的項目。準新郎和同行親友前往新娘家中時，可能會攜帶金項鍊、戒指或手環，食物部分像是罐頭、酒或豬腿，甚至是在清單上列出要贈予不同收受者的紅包。消耗品是由食物組成，均分成兩份，收一半，退一半，做個象徵性的感謝和分享。

案例：聘禮A

一位受訪者的聘禮清單：

1) 聘金，金額馬幣1,299元

2) 紅包，金額馬幣100元，購置新衣用

3) 紅布，價值馬幣30元

4) 紅包，金額馬幣50元，祭祖用

5) 紅包，金額馬幣50元，開臉儀式用

6) 紅包，金額馬幣50元，發送給兄弟姊妹用

7) 午宴10桌，費用馬幣4,000元

8) 紅包，金額馬幣390元，宴客時所收

在大富村，聘金通常是現金，在上述的例子裡，聘金為馬幣1,299元。通常清單不會就這樣結束，家人會開始提到宴客的費用，以及要以各種名義發送的紅包。除了列出的項目，還有其他沒被寫入清單的東西，像是金飾，豬腿、水果、罐頭食品之類的食物，以及象徵性物品，比如一對活的公雞和母雞。這些項目即使沒有在清單上提及，卻是普遍認為該給的。

當女兒結婚時，她從父母那裡繼承了一種間接財產：嫁妝。在婚禮期間新人共同所得之貴重物品中，絕大部分被視為給新娘全權使用的財產（陳中民，1985: 117）。總之，所給的嫁妝之內容和數量視情況有所不同，不過就項目而言，總是有某種程度的相似度。

有個例子是因為該家庭並無比新娘的父母年紀更長或是輩分更高者，所以沒有準備紅包的需要。事實上，這個紅包是因為新人喜事而替長輩購置新衣的。若有伯叔公或是伯嬸婆同住，長輩也包括他們在內。在傳統的年代中，結婚時長輩實際上是真的會收到一套新衣。近年來，他們寧可不要收到新衣而自己訂做，費用由男方家長負擔，給紅包就成了一個象徵性動作。給新衣代表希望長輩健康長壽，給紅包的方式也使收受者可以購買自己喜歡的衣服樣式。我用另外一種方式來探討贈送新衣的意義，我相信健康的人才有機會穿上新衣炫耀自己，贈新衣是希望這些長輩會因此增福添壽。在過去，通常只有新年才穿新衣。在婚禮中，穿著新衣是代表長輩可以活到下一個新年。

華人新年是個家家戶戶歡慶的重要節日，維持新年穿新衣的習俗是很重要的。我有幾次聽到媽媽抱怨她們的孩子平常也要買新衣服，她們感嘆說 *"mô kho nyén, chok ma kài sin sam?"* （沒過年著什麼新衫），意思是「又沒有過年穿什麼新衣服？」。說自己不能歡度新年是很不吉利的話。我記得有一次，一個兒子說他無法跟家人一起過年了，他的母親因此責罵他，也不聽兒子的解釋：「你在說什麼？小心

在「送日子」當天，將禮物交給準新娘。媒人將聘禮清單交給新娘的父親。由於新娘的母親已經過世，因此由新娘的大姊代表第二見證人。

新娘的大姐代表過世的母親點收新郎家人準備的禮品。

女方在「送日子」當天所收到的禮品。

你說的話！」說話時的用字遣詞真的要很小心，這個兒子其實要說的是，因為工作的關係，也許他今年回不了家過年。表達出厭惡過年也是一種忌諱，一名10幾歲的少女抱怨她討厭新年，因為她不喜歡年終大掃除，立刻受到她媽媽的斥責。一般認為，假如一個人這樣說，壞事就會降臨在他身上，而且他最後會真的淪落到無法過新年。

在聘禮清單中提到的紅布是一塊約兩公尺的長布，吊在新郎新娘雙方家裡的主門上方。這是在「送日子」儀式之後懸掛上去的，目的是讓鄰居知道家有喜事。紅布代表喜事（客家話稱 'fûng sṳ' 紅事），另一件一般人也會掛紅布的喜事就是喬遷之喜（掛紅布的過程客家話稱為 'tiàu fûng pù' 吊紅布）。相對於喜事者稱為喪事（客家話叫做 'phàk sṳ' 白事），此時會吊掛白布。

第四點提到的祭祖紅包，若非直接交由主持女方家祭祖儀式的乩童，則會用來支付祭祖儀式的費用。新娘家人會決定如何花這筆錢，他們可能用來購買蠟燭、香、紙錢等用品以及祭拜的食物。有個例子是新娘的父親將紅包金額加碼，其實並不一定要嚴謹按照聘禮清單所

列，不過大致的原則是所給的金額只可多，不可少。

聘禮清單中也需要準備一個紅包給來到準新娘家進行「開臉」儀式的人。這是一種類似臉部清潔的工作，把臉上的髒污雜質清除。在這個習俗中，會有一名指定的女性在新娘臉上拉緊扯動一條紅線來「去除」臉上的汗毛。現在這樣的習俗已經消失了，有些人甚至是到美容中心來完成這道程序，所以收到的紅包是要用來支付在美容院做臉的費用。

聘禮清單中會寫下包給新娘兄弟姊妹的紅包金額，通常是一個總額再平均分配。當新郎跳過兄長先結婚時，則要準備一個特別的紅包給未婚的兄長以示尊敬。結婚應當按長幼輩分順序先後進行這個原則不適用於女性手足，她們可以比兄長先結婚。不能使用惡毒的字眼提及未婚的姊姊，例如她染上某種疾病或精神不穩定，當然這些傳聞多半不是真的，大部分也是要看未婚的姊姊在弟弟或妹妹婚禮當時的年紀而定。女性年輕未婚不會掀起太多的流言，男性方面，通常人們則會避免有關的難聽的閒言閒語，或是在評論之前會先小心查證過。

婚宴

婚禮儀式結束後在中午或晚上設宴請客是一項傳統。聘禮清單中要求的聘金被用來支付這些活動的費用。在大富村，婚宴通常會在附近的餐廳舉辦，有些人會選擇在古晉比較高級的餐廳宴客。不論午宴或晚宴，都是由男女雙方共同舉辦，受邀賓客由雙方父母斟酌挑選，他們也有可能會選擇在不同的日子分開請客，若是如此，紅包就會交給新娘的父親。在過去，婚宴都是分開舉行，加上交通不便，因此午宴為佳，在婚禮儀式後舉辦。

在分析資料時我發現，受訪者中年齡超過50歲的女性當時舉辦的是午宴而非晚宴，她們是在1965到1980年代的叛亂時期結婚的。在共產黨活動巔峰時期，政府執行宵禁，村民行動自由仍受限制，這是選

擇午宴的原因。新娘和新郎聯合舉辦婚宴時，通常地點是在新郎的住處。為了節省成本，有些人會選擇由大富村人所準備的菜色餐點，然而，年輕的新人往往會想在昂貴的餐廳舉辦有格調的婚禮。

宴客時收受的紅包會被登錄在禮金簿上，目的是要在聯合宴客後作為分錢的依據。在全部的聘禮清單中這是最敏感的一項，有時可能引起雙方家庭的不滿，聘禮清單中所述的聘金金額是新娘父親必須收到的金額。華人的婚宴中，參加的賓客都會包紅包作為感謝受邀的象徵，紅包是交由新人之一或其家長。只有在新娘的父親拿取所言定的聘金金額後，剩餘的紅包禮金才會轉交給新郎。也可以是反向作業，由新郎或其家人收取所有的紅包，然後將言定的金額交給新娘的父親。

如果收到的紅包禮金總額很少，往往會產生爭議。若是賓客包的金額很少，邀請該賓客的一方會受到指責。沒有事先在聘禮清單中註明聘金金額會增加事情處理的困難度。

有鑑於舉辦婚宴所需費用高昂，現在宴客收取紅包非常重要。我有多次遇到男女其中一方的家人對收到微薄金額的禮金不滿的狀況，新郎的家庭特別會如此，因為他們需要負責大部分的花費。然而，這些牢騷不會讓外人或新娘本人知道，新郎家通常會向近親透露，有時候朋友比親戚受歡迎，尤其是有關結婚雙方會收到的紅包時。一名受訪者告訴我，一個親戚的家庭成員可能很多，但所給的金額總是很少，這也許是「心意」比起所給的金額來得有意義，因為親戚是被認為很親密的人，所以以金錢不應該是個問題。

婚宴地點通常是受邀賓客準備紅包的考量。在大富村附近的餐廳設宴，花費可能少於古晉市的餐廳。我問一名受訪者可能會包多少時（當時婚宴地點未知），他回答：「我們會看看地點在哪裡。假如不是在古晉的話，那我們就不會包很多，就是一般的金額。」問到所謂一般金額是多少時，他說：「約馬幣20或30元。」假如是在古晉請客，他們會考慮包多一點。這名受訪者的太太認為古晉的餐廳比較高

檔，食物比較特別。不過，她也覺得在古晉辦婚宴花費高，而藉由包多一點錢，他們多少可以幫到宴會主人。我覺得那是合理的原因，直到那位太太再補充說，也會考量與邀請者的關係。就此情況看，她推想他們包給親戚的金額會比較高，而朋友的比較低。不管一家子有多少人去，所包的金額都不會增加。

這說明了我先前的敘述，相較於其他受邀賓客（例如朋友），親戚平均每人所回收的金額比較少，特別是當親戚的家庭成員眾多時。親戚在晚宴時給的紅包通常只是一種象徵性的表示，因為他們已經在早先的奉茶儀式中給了紅包，通常金額都蠻大的。

嫁妝展示的意義

展示的嫁妝成為家庭成員引以為傲的東西。在大富村，雖然嫁妝物品是以攤開陳列的方式交給新娘直系親屬，但用意並非給外人觀看。事實上，這些親屬是幫忙準備嫁妝的人，包括要在前一天備妥嫁妝並排列整齊。這跟陳中民（1985: 119）寫的不同。陳中民寫到，在華人婚姻禮俗中，嫁妝會在新郎和隨行人員抵達前先呈現在新娘家中，在大富村，嫁妝會小心地放置在箱子中，並於婚禮當天被帶至新郎家。在新娘家舉行的唯一儀式是祭拜祖先。

嫁妝送至新郎家時就會展示給賓客觀看。新娘家人會得意地炫耀這些用珠寶紙鈔精心擺放，呈現出複雜圖案的藝術品。前一晚，新娘的家人會花很多時間準備嫁妝，這個工作通常由新娘的女性同輩親屬負責，她們會將金飾縫在「金盤」的紅色襯墊上，如果數量很多，可能會多準備幾個「金盤」盛裝，有時候會用到兩至三個「金盤」來陳列嫁妝。與給嫁妝的目的相反，這些金飾通常只是為了展示，因為其中有些其實是租借來的，新娘最後可能也會得到部分的珠寶首飾。有些金飾是女方親戚過來幫忙準備金盤時順道帶來的，婚禮後，這些珠寶首飾會歸還原本的主人。

新人的房間裡通常會放置各種不同的家具，包括冰箱、電視機、整套音響和縫紉機等家電用品。若是房間空間太小，有些物品可能會擺放在房間外。有一回我看到一名受訪者將她半破舊的縫紉機放在房子後面，她告訴我她不想丟掉，因為那是過世的父親送給她的結婚禮物，對她而言這架縫紉機仍然有紀念價值。

　　婚禮後，新郎家人的社會地位有了變化。陳中民（1985）提到，隨著新娘和其嫁妝的到來，新郎在父母的家戶中組成了自己的財產所有單位（property-owning unit）。婚禮前與新郎同睡一房的兄弟會搬出去，儘管共享房間很長的時間，但是婚姻使這個房間轉變成一個屬於他的已婚兄或弟和妻子的私人領域。在大富村，新娘的嫁妝對建立新的財產單位而言是微不足道的，在過去，新娘也會收到家具當嫁妝，她們會將這些家具帶往新家，但現在年輕一輩的年輕新娘只會帶著一兩袋東西，大部分是私人物品，例如衣服和個人用品，陪嫁的嫁妝通常是珠寶首飾或現金，她們會自己保存，不會與丈夫分享。所有

婚嫁之前，新娘家中舉行祭祖儀式。

整齊排列呈交給新娘的嫁妝。

在房間裡的其他家具,例如床、衣櫥、梳妝臺,電器用品像是電風扇、冷氣機和電視,通常是新郎和其家人購置的。房間的整修工作也會由新郎負責,新娘和其家人對新娘房的準備工作和家具布置不會給與任何資助。

　　新娘的父母通常會給新娘現金當做嫁妝的一部分。事實上,這是嫁妝中很重要的部分,卻很少人知道。陳中民(1985: 119)使用了「私房錢」(private money)一詞,金額因人而異。在大富村,所給的金額並非祕密,因為這些現金會和嫁妝一併擺放在金盤上展示,這些紙鈔以具藝術感的方式排列,賓客看見時會猜測金額,甚至有人會根據陳列的金額數目買彩券試運氣。

　　贈送禮物也是為了幫助新人解決因婚禮所產生的費用。由於牽涉到多方面的花費,一個要結婚的兒子一定會造成男方財務上的壓力。兒子的婚姻代表的是在父親的家戶中形成一個新的夫妻單位(conjugal unit)。為了換取家庭的擴大,新郎父親支付了多項費用,例如裝潢、購買新家具、婚紗照,以及聘禮清單上列出的所有項目,包括紅包、食品和婚宴,大富村的情況尤其如此,因為通常兒子是直接參與父親的事業。然而若是兒子在外面工作有份收入,他可能會自己負責大部分的項目,婚後可能選擇待在父親的家戶中。由於對家庭經濟有所貢獻,因此在家庭決策方面,他可能會有較大的影響力,而父親對

家庭和整個家戶就可能沒有絕對的控制權。

另一方面，籌辦女兒的婚姻可能不會替其家庭帶來那樣多的費用。在婚姻儀式中，參加結婚前一天新娘家中舉行的祭祖儀式的親戚也會參加奉茶儀式，這些親戚會回贈紅包或珠寶首飾給新人，收到的紅包可能會轉交給新娘的父母用以支付他們的帳單，他們也可能選擇把錢交給新人。任何收到的珠寶首飾一定會交給新娘，包括在新郎父母主持的奉茶儀式中得到的。同樣的，若是婚宴中有收紅包，且沒有要用所收禮金的一部分來支出婚宴費用，新郎父母或新娘父母可能會將禮金交給新人。

華人女兒通常沒有要求家產的權利，分家產時，往往女兒最後得到的都是比較小份的。陳中民（1985: 124）寫到，基於女兒從來不是家產的主要收受者這樣的事實，因此嫁妝並不是一種繼承物（inheritance）的形式。然而，有些富裕家庭裡的女兒最後可能會分得某種形式的財產。一般家庭的新娘不可能收到很多，因為她的家庭負擔不起昂貴的禮物。陳中民（1985: 126）進一步寫到，嫁妝不是一份純禮物（pure gift），也不是一種社會地位的表達，而是她對原生家庭要求家產的權利。透過工作收入對家庭財庫貢獻越多，她就可以相對要求更多的財產。Jack Goody（1973: 1）也寫到，嫁妝可視為原生家庭分給新娘的家產。在大富村，有工作的女兒會將錢匯給母親，母親再依次替她把錢存起來或用以支出家庭費用。女兒結婚時，她會用存下來的錢購買珠寶送給女兒，事實上，這可以視為一種透過子宮家庭繼承物的形式。結婚時，女兒可能會從父親那得到一些禮物，但是能否得到任何家產則未可知。

給嫁妝是一種昂貴的習俗。嫁妝的資金來源很多，在大富村，嫁妝是使用新娘的家庭基金和聘禮中收到的錢來購買的。陳中民（1985: 121）也提到會動用到女兒私人的存款。大富村的父母向女兒要求拿出存款並非常態。新娘自己也不可能使用私房錢購買新房所需的物品甚至珠寶首飾，不過，間接贊助的方式是有可能的。若是女兒長期在

國外工作，母親可能會使用女兒定期匯回家的錢來購買嫁妝。嫁妝的預算取決於幾年下來所存的金額，一般來說，錢是寄給母親，不是父親。父親大多有工作，因此有某種形式的收入，再者，父親在家戶中扮演了男性家長的角色，基於尊嚴，他不會想要收到女兒辛苦賺來的錢。父親給的嫁妝金額也會以女兒長期以來的順從度和誠實度做衡量。

大富村這幾年歷經許多的發展和變遷，現在更多的女性從事有薪工作，這個事實改變了人們對嫁妝習俗的態度。在女兒有工作、對家庭經濟有貢獻的情況下，他們比較有可能得到較多的嫁妝。有個例子是，一位母親將女兒在外工作寄回的錢存了下來，在女兒結婚時買了一條昂貴的黃金項鍊送給女兒，這位母親不介意另外再花一筆錢，因為女兒將要嫁到另一州，不會再回到大富村住了。

若是沒有工作或對家庭經濟沒有貢獻的女兒呢？這多半是要看女方要求與收到的聘金多寡。在大富這樣的小村落，小道消息傳得很快，村民通常都會知道新娘父母要求的聘金金額。因此，父母會小心不要要求過高的金額，以免被認為在「賣」女兒，若真是這樣，女兒的婚姻一開始就會很辛苦。面子遠比要求過多的錢重要，村裡有句話說：「沒飯吃會死，沒錢不會死。」

「賣妹」

新娘的家庭要求的金額會盡可能大到某個限額。村裡一個普遍的不成文規定是，金額不可要求太高，否則這家人會淪為村裡茶餘飯後的八卦話題。陳中民（1985）寫到聘禮和嫁妝應該在價值上相平衡，通常雙方會先在總額上取得一致意見。在大富村，賣妹（'mài mòi'）一詞有時候會用來指稱某人要嫁女兒，這是個不太禮貌的用詞，因為它的意思是「賣女兒」，不過這是當地常用的口語說法。

當村民得知某人要結婚或某人要嫁女兒時，通常會想到「這個父

親賣女兒賺了多少錢？」之類的問題。可能會有人問：「某某先生何時要賣妹？」然而，這可能會引來負面的閒話，特別是當新娘的父母要求一筆金額很高的聘金時。親戚或鄰居常常會把這樣的消息變成街頭巷尾的話題，而準新娘也會有一個身價。在這個情況下，「聘禮」也可以是一個當地的專用語，用來指稱把女兒透過婚姻從一個家庭轉讓到另一家庭的價格。我會在下一章深入說明新娘轉讓的過程。

當要求離譜時，「賣妹」一詞就會轉成賣女兒的負面意思。村民告訴我十年前有個出名的例子，一名年輕女孩的父母除了要求馬幣2,000元[33] 的現金，還要三兩（*tahil*）[34] 黃金當聘禮。這成了村裡的話題，有人說：「某人真的想藉著女兒結婚大撈一筆，根本就是賣女兒嘛！」也有人說：「大白天公然搶錢！」女兒的家庭富裕，不容討論餘地，最後男方怪罪媒人沒有在聘禮上跟女方做好協商取得有利男方的條件。

有一名受訪者的例子是，她的父母向男方要求聘禮：馬幣1,999元、10桌的婚宴費用和一副金手鐲。於是他們配合聘禮價值準備嫁妝：馬幣888元裝飾嫁妝袋，另外馬幣800元被父母拿去償付幾天前替女兒購買的金項鍊和手鐲的費用，剩餘的錢也用來採買女兒嫁妝所需的其他物品。結婚當天，女兒帶著價值幾乎等同於所收聘禮的嫁妝搬到新家去。

收到的紅包會用來支付在婚禮籌備期間所產生的費用，例如採辦食物、拜拜用香以及其他祭祖所需用品。有時候也會請親戚幫忙，此時則需以紅包回禮表示感謝。結婚當天，新娘的母親有義務給各個工作的執行者紅包，包括新娘車司機、牽引新娘的「好命婆」。「好命

---

33 相當於2007年馬幣2,598元。

34 兩（*tahil*）是當地用語，為英制重量單位，約等於38公克。1996年，一盎司的黃金大約368美元，一公克11.87美元。一金衡盎司等於31公克。三兩黃金大約是114公克，在1996年時值1,353美元或馬幣3,423元（根據當時匯率，1美元＝馬幣2.53元）（此金額相當於2007年馬幣4,446元）。參考http://www.finfacts.com/Private/curency/goldmarketprice.htm (2008)。

婆」字面上的意思是「富貴福氣的婦女」，有些費用會動用到宴客時收到的紅包。

有些父母會付出比聘金價值更高的金額，尤其是富有的家庭。一名受訪者說她的大姑嫁入有錢人家，並收到一部車當結婚禮物。事實上這輛車當時是父親送給她的嫁妝。這是二十年前的事，當時可以收到車子當嫁妝真是一件大事，買得起車的人本就不多，何況是送禮。

給嫁妝習俗的核心概念是，將嫁妝當成父母贈與即將出嫁的女兒之禮物（陳中民，1985: 124）。所給的嫁妝事實上是一種繼承物的形式，因為女兒對原生家庭的財產通常沒有任何要求的權利。這也是出自父母對女兒的疼愛，他們願意贈與嫁妝。社會地位也是給予嫁妝的考量因素。在之前的段落中，我提到一位母親疼女兒的案例，這位母親願意拿出額外的一筆錢給即將定居在國外的女兒。大富村民喜歡炫耀社會地位和成就，尤其是在他們經歷了那段艱難困苦之後，嫁妝中陳列的大量現金和珠寶，縱使其中有許多是租借來的，卻也顯示出炫耀自家社會地位之重要性。

第五章　婚禮與新娘「煞」

以婚姻角度來看的理論與定義

　　傳統的華人婚禮有著許多繁瑣的儀式禮節，需要一大群人準備許多相關事宜。雖然婚姻的規模有所差異，但相同的是，他們都會遵守這些習俗，包括禁忌和信仰。

　　在大富村進行田野工作時，我以謹慎尊敬的態度看待這些婚姻儀式。當地人相信婚禮當天新娘會擁有一股強大的內在力量。每次我與這些村民討論婚姻儀式時，他們都會告訴我這件事。有一次，一名60來歲的男性村民告訴我 *"Yî ket fun yî tsùi thài, le sa to kiang yî"*（佢結婚佢最大，誰都驚佢），這句話的意思是：「婚禮當天新娘最大，人人都怕。」

　　有很多與新娘相關的禁忌。據信新娘擁有某種力量，因此村民多次警告我別在婚禮中的某些特定時刻直盯著新娘看，最關鍵的時刻是當新娘抵達新郎家，下新娘車之時。村民向我提到他們相信很多發生在其他人身上的事件都與新娘有關，已經有些對這些禁忌好奇或無知的人遭遇到不幸的後果。一名約65歲的母親告訴我，她在長子結婚時並沒有很小心，當新娘也就是她未來的媳婦抵達要進門之時，她不小心看了新娘一眼。結婚後幾天，她生了一場不曾得過的病，必須臥床三天。她抱怨頭很沉，嚴重頭暈，因為她一直沒有恢復健康，家人於是到廟宇求助乩童。乩童把符（通常是黃色的）燒了，將符灰泡入水中，她喝下符水之後才逐漸康復。新娘的力量之強大所能導致的傷害，遇上的人無一可倖免。

　　其他相關的忌諱還包括，新娘不應迎面遇上孕婦或其他新娘。Freedman（1979: 265）寫到，孕婦與新娘（其首要工作是要讓自己懷孕）的相遇可能折損一方或雙方繁衍出優秀子孫的機會。Freedman也

提到若兩列迎親車隊碰巧遇上，儀式中有些措施可以化解。第二種情況比較有可能發生，因為宜婚嫁吉日是依照一套共同的曆法。大富村人也有這樣的民間信仰和預防措施。懷孕婦女不宜參加婚禮和喪禮儀式，一旦婚禮儀式結束，禁忌規則放寬，孕婦可以參加通常在晚上舉辦的婚宴，一般認為此時新娘的力量不再強大。然而還是有些人篤信新娘的力量，會採取措施禁止懷孕婦女參加所有戶外的宴會以免橫生事端。一位村民告訴我，有小孩遇上孕婦而情緒變激動的情況，這些孩子一個個變得脾氣暴躁、愛發牢騷，或有染上怪病、常作惡夢的情形。為了降低被認定擁有「四眼」的孕婦對小孩可能帶來的影響，孩子們必須戴上一條有「四眼」圖像裝飾的銀色墜子，「四眼」中的一雙是孕婦的眼，另一雙是懷中胎兒的眼。

　　以下列舉三名來自不同年齡層和背景的村民，講述有關其婚禮儀式的親身經歷。這些過去的儀式至今仍然存在。

過去的婚姻儀式

案例一：年齡層60到79歲的女性

　　這是一群在1950和1960年代結婚的年長婦女。在過去，交通是個大問題，人們必須長途跋涉。為了克服交通上的困難，結婚前一晚新娘會在親戚家過夜。隔天清晨，新娘由媒人伴隨抵達新郎家。到達之後，新娘必須跨火爐，進家門，然後上香祭拜祖先以表敬意。新娘之後會進新房，而後再被帶引至奉茶儀式。她會先向新郎祖先敬茶祈求保佑。等待其他親戚到來前會有段簡單的茶憩時間，奉茶儀式隨後開始，新娘在奉茶時會一一稱呼新郎的親戚。過去的年代參加奉茶禮的親戚並不多，整個儀式到了約巳時（早上九~十一點）就會結束。之後，親戚朋友會受邀至家中設置的午宴。

　　以上的描述是這些女性概略記得的過程。她們從未記錄下這些事件，因為當時影視科技並不普及，她們甚至也買不起，這些敘述是根

據她們對五十年前所發生事件的記憶。大致上來說，很多受訪者覺得婚禮的流程和儀式變化不大，主要的差異在於當時沒有照相或是婚紗攝影的技術，新娘也不是穿白色禮服，那時的新娘衣通常是由新娘的母親或姊姊製作。那個年代有車的人很少，所以新娘和隨行同伴必須在婚禮前一兩天先到她的新家去，當時沒有複雜儀式或是鳴放鞭炮，結婚日就如平常日，只有在像是婚禮這樣的特別場合才會備有平常幾乎吃不到的雞豬魚肉。婚宴規模很小，大約只有一兩桌。他們當時才剛遷居至此，因此親戚不多，唯一的親戚很可能只有直系親屬。遠從中國的故鄉飄洋過海來此所費不貲，所以只有男性前來。父親寄回去的錢通常是為了接濟另一位男性成員過來，他也因此能幫忙賺較多的錢。這群受訪者多半定居在鹿邦附近，是大富村居民在迫遷之前最早的定居地。當時生活窮困，村民散居於村內，他們買不起奢侈品，只能將就著簡單的婚禮。

案例二：年齡層40到59歲的女性

這個案例是有關在1970到1980年代結婚的中年婦女。清晨大約六點半至七點，新郎會抵達新娘家。約莫半個鐘頭後，新娘離開房子，稱為「出門」。新娘會在一個特定的時辰（此例為八點）到達新郎家，稱為「進門」。進門後，新娘會先跨火爐，上香祭拜祖先，進入新房視察，之後向祖先敬茶以謝祖先保佑。在等待其他親戚的同時會有一段茶憩時間。當親戚到達，奉茶儀式即開始，時間通常是在早上十點半。新娘向新郎親戚敬茶時，依序稱呼他們。奉茶儀式後舉行午宴。那段期間的大富村仍然在政府實施宵禁對抗共產黨的狀態下，因此當時通常都在家裡設宴。這群受訪者會雇用攝影師到村落鄰近地區、公園、附近的花園取景外拍婚紗照，也會在棚內攝影，婚紗照會在午宴前後完成。

此年齡層的受訪者是在戒嚴時期結婚，因此村民行動受到限制，不過，假如當事者有提出正式的申請文件，地方當局會允許這樣的活

動。假如新郎和新娘來自不同的地方或村落，新郎也只能在申請通過時才可到新娘家。拍攝婚紗照開始受到新人歡迎，不論是內拍或外拍，新人會穿著向婚紗店租借的稱頭西裝和漂亮禮服。拍照時間大部分都在婚禮當天或是午宴之後，費用很低，因為攝影師只需參與婚禮當天的活動即可。

現今的婚姻儀式

案例三：年齡層20到39歲的女性

最後這個案例是最年輕的族群，她們是在1990年後至今結婚的。新郎在清晨約六點半到七點間抵達新娘住處，然後大約在七點半，新娘會與新郎一同離開房子，稱為「出門」。到了八點，新娘會到達新郎家，稱為「進門」，進門後，新娘將會跨過火爐，祭拜祖先以表敬意。新娘會先進入新房，然後被帶往奉茶儀式。首先，新娘和新郎向祖先敬茶以祈保佑，然後等待新郎的親戚到達參加奉茶儀式，通常會在十點開始。結束之後，男方會在家裡或是附近餐廳設午宴招待親戚。有些家庭會繼續進行晚宴，大約六點半舉行。當天沒有攝影，新人會在婚禮之前完成婚紗照拍攝。

現在婚姻和過去婚姻的主要差別在於婚紗照的拍攝是在婚禮之前進行，賓客和親戚會受邀至午宴或是晚宴，若經濟能力允許，通常大家偏好在古晉的餐廳舉辦。一般認為由專業攝影師拍攝婚紗照是必要的，事實上，這是當婚約確定時新人所做的第一件事。得到雙方父母同意也定好結婚日的大富村新人，會到附近較大的城市像是哥打聖陶沙或古晉拍婚紗，這對準新人來說是最精彩的部分和主要的活動之一。他們會到處找最優惠的方案，通常婚紗店會提供婚紗包套服務，包套內容包括新娘禮服租借、婚禮當天的拍照和化妝。拍照時，婚紗店會提供幾套不同禮服更換，拍攝地點可以在棚內或戶外，像這樣的包套婚紗照正常的價格是在馬幣2,000元到3,000元之間。因為婚紗照

是在婚禮前拍攝完成，所以婚禮當天新人會將照片陳列在婚宴會場供人欣賞。當親朋好友來家拜訪時，新人也會得意的拿出照片給訪客看。這整套婚紗方案通常也會包含一張放大照，可供新人掛在新房顯眼的地方。

以上大略說明的案例中，在過程和婚禮儀式上有些大致相似之處。在抵達新郎家時，新娘必須跨過火爐，祭拜祖先，而且要象徵性的敬奉祖先茶水。奉茶儀式在所有婚禮中成了一個固定的特色，儀式中男方尊親被以尊敬的方式對待。然後邀請賓客和親戚到婚宴歡聚暢飲，大快朵頤，這也是感謝親友遠道而來參與這件喜事的一種方式。

新娘的轉讓

婚姻六禮[35] 中的其中一禮，是新娘轉讓至她的新家庭，這也是在婚禮當天進行。婚禮前一天，新娘的家人會以祭拜祖先的方式表達對祖先的感謝。祭祖也要看日子，假如婚禮前一天不宜祭祖，儀式就會提前幾天舉行。婚禮當天新娘有許多禁忌，其中一項是不能祭拜祖先，因此儀式才會在婚禮前一天於新娘家中舉行。Turner（1969: 109）稱此為「弱者的力量」（the powers of the weak），他說明儘管歡迎新娘加入的方式看似尊敬，但是對可做或不可做之事仍有諸多限制，這些限制都是基於能使新娘平安抵達新郎家而做的規定。

婚禮前的祭祖

新娘家的大門外會放置一張供桌，桌上擺放三個裝滿沙子的淺罐子以供插香。桌上供奉著大塊的煮熟豬肉、蒸全雞、烤全鴨和幾顆肉粽。另外有米酒杯和茶水杯各三個，乩童點燃三對紅色蠟燭和一束香開始祭祖儀式，然後口中唸唸有詞地邀請家族祖先參加儀式，同時尋

---

35 婚姻的六禮於第四章有詳述整理。

求土地公（'Pak Kung' 伯公）協助引領祖先回家之路。新娘和家人一起站在供桌前稟告祖先家族一員即將出嫁，並祈求保佑此女兒婚姻幸福、兒孫滿堂，此外，也會求祖先保佑所有家族成員身體健康、事業順利、財源滾滾。祭拜時會準備肉類、肉粽和茶酒等祭品來安撫祖靈，儀式最後要燒香和紙錢以感謝祖先參與家族喜事，這表示新娘家祭祖儀式的結束。從那時起，新娘要到隔天結婚日才可以離開家，這也表示實際上她本身被轉讓到先生的家庭了。

新郎家的祭祖

婚禮當天大約清晨七點，新郎家人在家中客廳裡放置一張供桌。新娘還在原生家庭，尚未抵達。供桌上擺放的蠟燭和茶酒杯、祭品以及其他所需的物品皆與新娘家相同。主要的差異是供桌擺放於屋內非屋外。當一位客家女孩要出嫁時，當地用詞為「賣妹」，意思是要賣女兒，供桌不設在屋內，會放置在房子大門口的臺階上。相反的，娶新娘或媳婦的家庭，當地用詞為 'kau sim khiu'[36]，供桌永遠都是放在屋內，而且是面對正門，在屋內舉行的儀式有其重大意義。

儀式期間，一名乩童會恭請祖先進屋，稟告家中喜事。邀請程序與在女方家婚前祭祖的方式相似，當乩童擲筊時，即可得知祖先是否在土地公的引領之下抵達。「筊」是由兩塊類似貝殼形狀的銀色飾物組成，約一個20仙（sen）[37] 硬幣的大小，由一條紅色繩子串在一起。若擲出的兩個筊杯是兩面皆朝上或朝下，表示祖先還未到，或仍在等其他祖先。只有在兩個筊杯呈現不同面時，才表示祖先全都到齊。此時乩童就會開始念咒，然後請祖先享用供奉在桌上的食物及茶酒。

---

36 'Kau' 中文寫成「交」，但客語字典中的 'sim khiu' 並無對應的中文字。

37 仙（sen）是馬來西亞幣硬幣。紙鈔稱為林吉特 / 令吉（ringgit）。

迎接新娘與轉讓

同時，新郎離開家，乘坐在一輛別有車彩的轎車裡，由一位父系的女性親戚和司機陪同前往新娘家。迎娶的時間早已依據算命師建議最合適新娘的出門時間定好。算命師不只擇婚期的吉日，也挑新娘進門的良辰，通常會根據新人的八字建議一個中午之前的時辰。根據Turner（1969）的說法，過渡階段（transition）經常會安排在由風水師精心挑選的吉時中發生，這幾乎是任何一種身分或地方的改變所需的必要條件，如安葬、挖骨、動土、喬遷、婚嫁，在所有這類情況下，都要先看好吉日良辰。當一個女孩子以新娘身分準備踏入夫家時，務必確保她是在選定的時辰內跨過門檻。

新娘離開原生家庭，由新郎和一名稱為「好命婆」的女性同行，新娘到哪，好命婆就跟到哪。他們待在「新娘車」裡。「好命婆」通常是新郎父系的一名女性親戚，必須已婚，順利生過幾個健康的小孩，大致過著美滿生活。當新娘離開她家的門階，走向「新娘車」時，好命婆會替新娘撐起一把紅傘。新娘一走出房子，就會開傘。她們的下個目的地是新郎家。

當新娘車抵達新郎家時，新郎會先下車替新娘開門，開門之前，他會先用一把中國扇敲門三下，敲幾次都可以，因為我看過其他新郎只敲車門一次。敲的動作比較像是象徵性的義務動作，敲的次數並不重要。

當新郎領著新娘來到房子入口處，新娘在進入之前必須進行某些特定的儀式。門階處放有一個爐子，爐內放有「符」和「抹草[38]」（學名為*Anisomeles indica*魚針草，葉端漸尖），新娘進入房子之際，一名年長的女性親戚會點燃爐火並提醒新娘要從爐子上方跨過，不可以為了避免火焰而從旁繞過。到目前為止，新郎的家庭都尚未迎接新

---

38 抹草在馬來語中稱為*Penyapu Cina*，字面意思是「中國掃帚」。古晉及哥打三馬拉漢（*Kota Samarahan*）附近的寺廟都會在廟內種植這種灌木，大多數華人家中都可以看到抹草。據信抹草能夠嚇退鬼魂使他們無法進入屋內。砂拉越的伊班社群則使用*Selukai*來驅邪。

娘，事實上，屋裡有人會隨時注意屋外的狀況，當新娘車抵達時，監看的人會先提醒大家準備各自回到房間、廚房或只是待在後院，避免與新娘接觸，新娘到新郎家時唯一見到的人是點燃火爐的年長女性親戚。

奉茶儀式和祭祖

跨火爐之後，新郎和「好命婆」會牽引新娘至新房，新人待在房間裡一段時間，直到乩童要求他們出來祭拜祖先。新人站在祭祖的供桌前，隨著法師指示，拜堂三鞠躬：一拜天地，二拜祖先，夫妻交拜。然後新郎手端著放有三個空杯的托盤，乩童斟茶指示新娘敬茶並要她請祖先喝茶。例如，她會說：「曾祖父，請喝茶。」敬完茶後，乩童會給她一個紅包。新娘會敬茶三次，得到三個紅包。祭祖儀式結束後，新人就回到新房。

在新人房裡，新郎幫新娘掀頭紗。之後，乩童會要求新人出來客廳接續下一個儀式。這個儀式中，新人手各執三柱香，鞠躬三次：一拜天地，二拜祖先，三拜土地公。完畢，將香插入放在供桌上的淺罐中。接下來，乩童會感謝祖先蒞臨及土地公的引領並送走祖先，然後新郎的兄弟姊妹會燒紙錢，同時乩童會清理桌子，新郎的母親則從旁協助，將食物、飲料及酒杯收放到廚房，現場的親戚也會加入收拾行列。

這一系列的活動和儀式非常重要，每個人都很小心，確保所有步驟按照禮俗進行。在奉茶儀式開始和祭祖儀式結束之間，新娘的弟弟會負責將整齊擺放在皮箱內的嫁妝從新娘的原生家庭扛進新娘的新家，倘若新娘沒有弟弟，則由其他男性親戚如表弟或堂弟負責這項任務。扛嫁妝者會有其他表堂弟同行，抵達的時間很重要，不可在祭祖儀式未完成前抵達，新郎家的祭祖儀式禁止家族外的男性觀看，因為外來者會帶走祖先賜予的任何恩德與庇佑而影響新郎的家族。新娘在場是沒有影響的，因為她尚未被認定為新家庭的一份子，況且身為女

性，她對家族起不了威脅作用。她在原生家庭祭拜祖先時，也「象徵性的」離開父親的家族。我記錄下了幾件扛嫁妝人員提早於祭祖儀式未完成時抵達，他們被要求馬上離開，經由手機聯絡等待指示再回來，也有人被要求留在車上等待儀式結束再出來。

祭祖儀式結束後，供桌撤走，椅子擺放在客廳準備奉茶儀式之用。儀式中新娘會向男方的尊親奉茶，通常順序是父系的祖父母、母系的祖父母，然後是下一輩，父系的叔伯姑及其配偶、母系的舅姨及其配偶。奉茶時，新娘要按照丈夫稱呼家庭成員的方式稱呼他們，他們會回贈新娘紅包或是金項鍊或手鐲形式的禮物。

奉茶儀式與稱呼親戚之實例

當C小姐結婚時，她隨著丈夫稱呼她的新親戚。在奉茶禮期間，這些親戚呈坐姿，C小姐和丈夫在他們親戚面前奉茶時呈站姿或跪姿。C小姐依照新郎父方的親戚輩分依序稱呼，如下：

阿媽：父系祖母；阿爸和阿姆：父母；大伯和大伯姆：父系最長的伯父和其妻子；大姑和大姑丈：父系最長的姑姑和其丈夫；二伯和二伯姆：父系第二長的伯父和其妻子；四叔和四叔姆：父系較年幼的叔叔和其妻子；小姑和小姑丈：父系最年幼的姑姑和其丈夫；小叔和小叔姆：父系最年幼的叔叔和其妻子。

下一輪的奉茶儀式包括新郎的母系家庭成員。C小姐也要跟隨丈夫的稱法一一稱呼他們。例子如下：

大舅和大舅姆：母系最年長的舅舅和其妻子；二舅：母系第二個舅舅，他獨自出席因為妻子已過世；二姨和二姨丈：母系第二長的阿姨和其先生；三舅和三舅姆：母系第三個舅舅和其妻子；四舅姆：母系第四個舅舅的妻子，她獨自前來因為丈夫在民都魯（Bintulu）工作；小姨和小姨丈：母系最年幼的阿姨和其丈夫。

新郎的父親（C小姐的公公）是三子，也是家中的第四個孩子，而新郎的媽媽（C小姐的婆婆）是長女也是家中的第二個孩子。未必

所有的親戚都會出現，新娘也未必會向所有出席的親戚奉茶，這要視當時情況而定。C小姐的例子中，母系有三位年紀較小的舅舅沒有出席，一位在外地工作，由妻子代表出席；另外兩個仍然單身，在新加坡工作，無法前來是可接受的，但是即使他們出席，新娘也不會向他們敬茶。一般認為不管年紀只要未婚是不給紅包的，這不包括鰥夫寡婦，換句話說，只有已婚的人才會承擔符合習俗的成人身分。不過，當受邀至婚宴時，未婚者給紅包卻是社會上認同的習俗，未婚者不給紅包的另一個時機是華人新年，但是這並不代表他不收紅包。

幼輩的親戚，則要向新娘和新郎奉茶並會收到紅包當回禮。奉茶時，他們會依照稱謂稱呼新郎和新娘。例如，新郎的弟妹會稱呼新娘嫂嫂。

在華人文化中，給紅包和拿紅包遵循著某種不成文的規定和認知。如以上的描述，未婚者不給紅包，但是可以收紅包。然而，給紅包的規定在非家庭關係的場合是寬鬆的，比如參加朋友的婚宴，我認為給紅包的習俗事實上是為了控制家庭結構，至少在有關婚姻議題時。在家庭中，假如一名幼輩的手足已經結婚，按規定是個已婚之人，可以發紅包給其他比他更年幼的弟妹，如果他選擇要發給年長的兄姊也可以，然而，在正常的情況下，年幼的弟妹不會給年長的兄姊紅包。另一方面，未婚的年長兄姊，不會也不該給紅包，他可能會感到丟臉或處境尷尬。在下一個節日來臨前（比如新年），他也會有一種要發紅包的間接壓力與結婚的壓力，或者在這樣的一個場合外出旅行也成了另一項選擇。

新娘作爲中介人（Liminal Personae）與力量強大的「煞」

這項研究著重在客家婦女在結婚儀式中的經驗。van Gennep和Turner的儀式理論經常被用來描述客家女性在婚姻儀式中的經驗，也用來指出客家新娘在婚姻中的轉換狀態。這個理論清楚指出，當新娘

離開原生家庭到丈夫家這個過程中沒有歸屬感，因為她從一個固定的類屬進入到一個改變階段。她即將進入到儀式過程中，從一名女兒變成一名媳婦，從一個女孩變成別人的妻子。

我探討新娘的通過儀式（rites of passage），並且應用van Gennep和Turner提出的分離理論（the separation theories）。分離是指人（團體或個人）從一個整體的社會分離（van Gennep, 1960）。婚禮前一天，新娘家會舉行祭祖儀式。在象徵性的向祖先敬茶之後，她就正式與原生家庭分開。這個儀式表示她要結婚並離開她的暫時領域，畢竟，女兒總是要出嫁。

祭祖儀式不會在新娘的家裡進行，供桌一定會放在門外。我曾經和一名年長男性村民聊到有關供桌要放置在屋內或屋外，這名村民說：「女兒從來都不屬於她們父親的宗族，因此，祭祖儀式不可以在屋內進行。男孩子不同，他們必須將家庭的姓氏傳下去，是他們父親宗族的真正成員，因此桌子要擺設在屋內。」這個敘述更進一步顯示也證實女兒並非生根於她的原生家庭和宗族，她只是個暫時的成員。

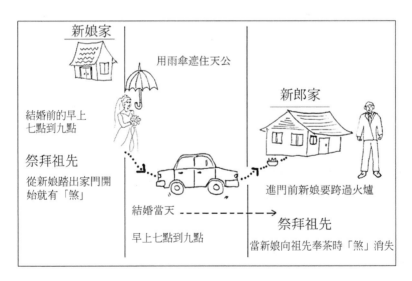

新娘在婚禮當天從她的原生家庭轉讓到她的夫家，在七點到九點的時辰。

在通過儀式的第二階段，新娘處在一個過渡階段，事實上，她現在是在「無歸類」（non-classification）的階段：她已不是原生家庭的女兒，但也還未成為新郎家的媳婦。她被迫移出舊的身分，但尚未被新的接受。新娘的過渡階段很漫長，自祭祖儀式開始起，她就象徵性的離開原生家庭，然後新娘實際上移到了新郎家，直到之後完成祭祖儀式。這個過渡階段最重要的部分是當新娘踏出原生家庭，被接到新郎家，進入家門時所舉行的一些儀式，全都在這短短的兩小時內發生。

新娘「出門」（離開原生家庭）的時辰是精心挑選的，不過其實新娘離開的時間並不具任何含義，而是與兩個重要的信仰比較有關係。在婚禮當天，一般相信新娘擁有一種力量，稱做「煞」，會對他人造成不幸的嚴重後果。若遭到這股有害的力量侵襲，會引起受害者身體不適或壞運降臨，例如發生意外。Turner（1969）寫到關於新娘的力量和危險，他說到「新娘必須隨時移開她的目光，因為萬一她與他人四目相望，他人的雙眼可能會因此失明」。如Turner（1969：109）所指，沒有處在地位結構完整的人，即使是暫時，都被視為「危險的和無政府狀態的，必須要受到一些限制和條件的控制」。當地人稱這樣的人是遭受污染的（polluted），或是客家話的 'mat tô' 抹到。這種污染也有傳染性，意思是假如一個人被新娘的有害力量（客家話稱 'sin nyông sat' 新娘煞）「抹到」，他到家時也可能將污染傳給家裡其他人，小孩最容易被傳染。此外，選定的時辰也要確保新娘出門時，「煞」不會冒犯到天公（華人最大的神祇，眾神之神）。

新娘走出門外時，會用雨傘阻擋她力量強大的「煞」，選擇紅傘[39] 表示吉祥的象徵。一般認為若冒犯天公，新娘會生病或替她的新

---

[39] 針對不同的場合使用不同顏色的雨傘很重要，新娘只能使用紅傘，喪禮或送葬隊伍只能使用黑傘。紅色對華人來說代表好運，用於慶祝或歡樂的場合。反之，黑白兩色則被視為哀悼的顏色。在一次討論中，一位準新娘的妹妹想在姊姊婚禮上穿白色洋裝，立刻遭到母親的反對，她說：「婚禮是喜慶的場合，不能穿白洋裝。」

家帶來厄運。我原先認為這表示新娘是遭受污染的或是「抹到」，但詢問一名乩童此事，他告訴我，在婚禮當天，新娘的地位是在天公之下最高的位置，因此，她不會受到污染。換句話說，最偉大的「天公」並非污染施為者（agent of pollution），祂只是要懲罰冒犯祂的人。

到新娘新家的這趟旅程，路線必須盡量直線，不能有很多彎道或曲折，表示新娘到新家的路途一帆風順。周延的計畫是必要的，在婚禮前幾天，駕駛新娘車的司機要做兩件事：試車與決定迎娶新娘的最佳路線。路線不可以崎嶇不平或是有很多轉彎，不然新娘的人生將會跟著不平順。被指派當司機是一項殊榮，此任務通常是託付給新郎最好的朋友。一般來說，新娘車是一部又大又貴的車，通常是跟近親或朋友借的。

當新娘車抵達時，新郎的家人會待之以懷疑的態度，不會有人出來迎接新娘的到來。事實上，新娘車一到，新郎的母親就會通知家庭成員快「閃」，意思是要避開新娘。他們會移動到家裡不同的地方躲著新娘。一般堅信若新娘進門時直視新娘，此人會遭受污染或是「抹到」。

人們普遍認為新娘跨過的火爐是要避免新娘身上的污染成分。由於新娘現在處於中介（liminality）狀態的階段，不屬於任何一個宗族，因此像是自由飄蕩的靈魂。此時遊魂很可能會跟蹤她，因為她的狀況與它們一樣。遊魂沒有人供奉祭品祭拜或是照顧，因此又餓又寂寞，不屬於任何人或地。它們的魂魄一直在遊移，到處找尋食物和同伴，新娘藉由跨過放有符和抹草的火爐，可以驅退跟隨著她的遊魂。

當地人稱遊魂為「垃圾東西」，意思是髒東西，通常與悲慘的事件有關，比如不幸死亡。以下例子可以證明這是有道理的。有次我在觀禮時，正對面的住家在辦喪事，送葬隊伍行進時奉茶儀式正好要開始。因為這兩個事件相衝突，所以儀式延後到送葬隊伍行進結束後才開始。當在送葬進行時，新娘被要求待在新房中將門關起。我問是否

新娘會因死者的力量（'sí nyîn sat' 死人煞）而遭到污染，乩童說那是不可能發生的。新娘的力量比死者的力量強大，乩童提到，這兩件事恰巧同時發生，而且地點相近，就在對面，這被認為是好事，因為辦婚事的家裡附近的髒東西將隨著送葬隊伍的經過而被帶走，之前跟著新娘的遊魂和所有其他在附近的遊魂也會受到吸引，隨著死亡隊伍前進，不會留在新郎家中打擾他人。

負責點火爐的女性親戚同樣也會遭受污染，她必須取得「護身符」來保護自己防止「煞」的入侵。在婚禮前幾天她會先到寺廟或是乩童那兒取得護身符，有時候新郎的母親會幫忙拿取。有一次一名負責點火爐的女性親戚忘了先去拿護身符，又發現新郎的母親也沒有替她拿，結果，她幾乎要放棄這項任務，因為新娘的「煞」可能造成很大的影響，她大叫著：「沒有護身符我不敢面對新娘，我最好還是快走！」

新郎的母親很焦急，她請教了正在進行祭祖儀式的乩童，這位乩童當場寫了一張符，一般來說寫符咒是需要用特別墨水和一張長方形的黃紙，由於當時時間緊迫，新娘車已在路上，所以乩童就地使用一柱點好的香，將符咒寫在一張紙錢上，之後那位女性親戚才同意繼續執行這項任務。另一個例子是，一名不知情的新郎妹妹從洗手間走出，迎面遇上正要進門的新娘，之後便罹患怪病，上吐下瀉好多天，最後是喝了「符水」才痊癒。「符水」是經由燒了符後將剩下的符灰浸泡在飲用水裡所製成。村民相信這位女孩是遭到「煞」抹到。

在新郎家向祖先敬完茶後，新娘力量強大的「煞」就消失了。在這個階段中，新娘會經歷通過儀式的最後一個階段：融入。夫家現在已接受新娘，成為家族的新成員。奉茶儀式期間，新娘跟著丈夫依序稱呼她的新親戚。華人相當重視稱呼長輩或親戚正確的稱謂，給予新娘紅包即表示接受新娘進入家庭。一名村民告訴我，若是祖先不滿意或不歡迎這位新成員，就會出現拒絕的跡象，例如蠟燭火光黯淡，或是新娘奉茶時茶水灑出。

新娘的污染

離開原生家庭之時，新娘感覺自己確實是沒有一個家了（Wolf, 1972）。她以外來者身分進入丈夫的家戶。對華人來說，外來者永遠是個受到嚴重懷疑的對象，丈夫和公公並沒有視她為家庭的一份子（Wolf, 1972），但她卻是身負一項重責大任進入這個新家：她要為這個家庭生育下一代。同樣的，擔任主要議婚人、商討新娘嫁入條件的婆婆，可能會因為這樁棘手的交易心存怨恨，不過她也很希望看到新的一代加入她的子宮家庭。新娘帶有危險的「煞」，因此人人避免與新娘接觸的原因是可以理解的。新郎的家庭知道新媳婦的加入意義重大，尤其是她將延續家族命脈，他們會做任何被認為適當的事以確保新人有好的開始，因此會有這樣繁複冗長的儀式和程序，例如使用雨傘保護新娘、跨火爐，以及事先取得護身符等。

從另一個角度看，女性被視為危險的原因是跟身體形式的污染有關，比如月經。月經和女性是密不可分的議題，在許多社會裡，月事來的女性被視為骯髒和危險的，可能造成男性害病或是無法行使某些技能，例如打獵或捕捉動物。在大富村，月事來的女人並不會真的不受歡迎，然而，她們必須遵循一些限制，像是月事來時要避免拿香祭拜神明。村裡的長者告訴我，村裡祭拜所使用的香是根據中華民族英雄張三豐的配方製成，若是女性在被認定已受污染時拿香，這是對他不敬。不過，並無規定禁止月事來的女性進入寺廟。

女性和污染之間的關係一直是許多民族誌著作的研究主題，華人社會也不例外。有些學者探討社會制定規矩來控制不潔女性的性慾。大部分的研究是有關女性天生會流血的能力，一種賜予女性的自然生育力量，這是男性所沒有的。月經和污染長久以來都是研究的重點。在這個章節中，我會提到女性在過渡階段中的威脅，亦即她們所引起的污染。她們將污染物透過婚姻從一個宗族移轉到另一個。

若婚禮當天新娘剛好來月事，新娘的危險將降至最小。諷刺的

是，在婚禮當天來月事的新娘會被稱為「騎白馬的人」。在新娘進入新郎家門之後，陪同新娘的好命婆會宣布此事，一般認為這樣的新娘危險和污染程度較低。最倒楣的是新郎，他會被譏笑，因為他當晚只能「騎馬」，得控制自己不能與妻子行房。

污染的理論

在華人社會中女性被視為儀式上「不乾淨」且擁有致命力量，因為她們可能對他人造成傷害，所以禁止參加某些活動（Ahern, 1975: 193）。在大富村，一位死去的人在儀式上是「不乾淨」或受到污染的。事實上，有關死亡之事，比如服喪期間，或是有關生產之事，比如當一名男性陪伴剛生產完或是正在坐月子的女性時，都會被視為一種污染。這位女性未必是這名男性陪伴者之妻，有可能是其他的親戚，例如是同住在一個屋簷下的嫂嫂或弟妹，這樣處境下的男性被稱為「垃圾身」，意思是骯髒或是遭受污染的身體。與坐月子的女性同待在一間房的人都會被視為「垃圾身」，不過雖然儀式上而言，服喪期間的人是不乾淨的，但並不會被視為「垃圾身」。

女性的坐月子期是以國曆計算，會持續三十或三十一天，比如一名女性在3月2日生產，那麼坐月子期的最後一天是一個月後的4月2日。在這個例子中，坐月子期間是三十一天。不過，大富村民實際上並不是用國曆推算，往往還是參考農曆。如同之前章節所言，提到日子和活動，40歲以上的人依舊是看農曆，特別是與儀式相關的活動。然而，生日通常會用國曆，這與過去多半是用農曆相反。為了方便日後參考，父母會在重要文件上寫下孩子的農曆生辰八字，比如寫在出生證明上。他們會小心保管生辰八字，不輕易向人透露。

有一次我在一名村民的家中，她讀小學三年級的兒子告訴她學校要一份出生證明。當她從房間裡拿出證明文件時，她劃掉了文件背後自己所寫下的資料，那是農曆的生辰八字。我問她為何要劃掉，她提到生辰八字不應該隨便讓他人知道。這樣的資訊可能會被不肖人士拿

去施法術或是下降頭（'kòng thêu' 降頭）。

這也解釋了在整個田野調查中，我的資訊提供者在透露或提供私人資料很謹慎小心的原因。例如，我研究中的主要內容之一是要了解聘禮清單所列的項目，因此我要求看這樣的文件。這是一份寫在紅紙上的書面資料，詳細列出所有物品以及要執行的任務。我的資訊提供者極其不願意讓我看。我起初以為她們覺得讓我知道她們所要求的聘禮詳細內容會很丟臉，但這不是原因，她們是害怕也寫在紙上的生辰八字洩露出去。得知原因後，為了尊重個人隱私與保護個人資料，我請她們遮住這些資料不要讓我看到。當她們給我聘禮清單時，生辰八字的資料是摺到背面去的。

當一個人染上「垃圾身」，應該禁止自己參加婚禮或任何的儀式，例如大伯公遊行和中元普渡。在有家人處於「垃圾身」的狀態期間（通常會持續一個月），家裡不該舉辦任何重要的活動，然而，有時村民並不會嚴格遵守這樣的規定。有名年近70的女性村民說：「大家已經不在乎這個信仰了。看我六叔的家庭就知道了，他的媳婦還在坐月子，但是他在那時候『賣妹』。按理是不應該這樣做，不過現在人不在乎了。」這是村裡一個偏離社會規範的獨特案例，將留在村民的記憶中好一段時間，成為茶餘飯後閒話八卦討論的話題。

然而，這並沒有阻止人們偏離常規。比方說，在另一個案例中，一家人忙著準備兒子預計幾天後要舉行的婚禮，新娘的祖父卻突然辭世。新郎的父母一開始茫然不知所措，但與媒人和幾名親戚討論之後，決定婚禮應該照常舉行。他們也尋求新娘父母的意見和同意，唯有他們同意，婚禮才得以繼續。最理想的安排是婚禮取消，因為新娘家正值服喪。新郎家最後決定繼續進行婚禮的原因是，他們認為新娘作為一個家庭的女性成員在祖父的喪禮這樣的情況下所擔負的角色無足輕重。當然也有考量到其他因素，由於婚禮預定在農曆8月舉行，對很多人來說，8月是結婚旺季，在當地餐廳預定的婚宴要取消並不容易。事實上，他們早在一年前就預定了婚宴地點，臨時取消會罰

錢。有鑑於已經準備的前置作業，婚禮也就如期舉行。

　　諷刺的是，祖父的喪禮是在婚禮前一天舉行。為了表示尊敬，新娘沒有參與整個喪禮儀式，也未參加送葬。在這個例子中，這家人有很多地方並未完全遵照習俗。通常如果家裡有人過世，大門前會掛一條白布，表示白事（喪事）。同樣的，紅事（喜事）表示歡樂事件，大門前會掛上紅布。這個例子裡，此家人紅布白布都沒掛。舉行婚禮儀式期間，沒有人穿著彩色或顏色鮮豔或紅色衣服。雖然他們也在治喪期間，卻沒有穿一般出席喪禮會穿著的黑色與白色。每個人著便裝，一如平常。婚禮當天，新娘的母親穿著淡藍色上衣和卡其色褲子，父親穿著米色領子襯衫，搭配海軍藍休閒褲。新娘的兄弟姊妹大多穿著淡粉色或淺橘色的衣服，有些是穿藍或綠色的衣服。在這種特殊情形下，此家人沒有鳴炮。鳴放鞭炮是華人辦喜事的一種象徵，也是間接向外宣布這件值得慶賀的大事。

　　Ahern（1975: 193）用三種不同的方式探討華人女性被視為不乾淨或是有污染性的原因：第一是考慮到據稱不潔物質的本質以及它們與出生及死亡的關聯；第二是將強加於女性身上的污染視為她們社會角色的反映；第三則是把公認的女性之污染視為體系的一部分——若是污染與破壞社會團體的界限[40] 有相關的話。以一名大富村女性的婚姻來說，懷孕女性與據稱受污染和不乾淨的女性本質相關，這使得她不宜觀看或參加婚禮。這與「四眼」信仰以及胎兒的特徵有關，一般認為胎兒有個又脆弱又淘氣的靈魂，或稱為胎神。懷著胎兒的母親也因此被認為遭受到污染。懷孕與經血和分娩後的分泌物有關，所以女性被認為是「垃圾身」。以第二和第三個觀點看來，因為新娘處於一個中介階段的單位，角色和地位變得相當模糊，人們將會採取預防措施來避免任何不必要的事情發生。

---

40 Ahern的第三個觀點與大富村情況有關，此主題將於第六章深入探討。這裡我描述一個家庭新成員的身分（即新娘的身分），以及她可能會如何破壞此家庭原先的社會群體（social group），尤其是在子宮家庭中的媽媽（婆婆）和兒子（先生）之間。

污染與其後果

我提到過新娘一直被視為有污染性的物質，假設以一個家庭為何要娶新娘的角度來探討，主要的原因就是生育。如同Ahern（1975: 199）所寫，新娘本身最重要、最可取的力量是繁育後代的能力，最好是能生兒子，組成下一代，以續丈夫的家族血脈。此外，這也是確保已逝的祖先將會被追思與祭拜[41]。就宗族延續而言，一名新成員（此例為生育子孫的新娘）進入家庭可能有利於夫家。然而，這同時也是潛在威脅。如同Ahern（1975）所提出，一名女性的生殖能力有雙重意義，因為她不只要生育，也要竭盡全力「與他們建立感情親密之關係，如此，她年老之時，必定能在夫家的這片異域取得一席安全無虞之地」。

在家庭單位中存在著一個由女性所組成的獨立單位，稱為子宮家庭。子宮家庭這個詞是由Margery Wolf（1972）所創。新娘結婚終極目標是要建立她自己的子宮家庭，最後不但要與婆婆的子宮家庭分離，也要與妯娌的家庭分開。正如Ahern（1975）所說，此分離使得她能夠逃脫婆婆的控制，強化她在自己的子宮家庭中的影響力。因新娘進入此家庭而即將發生的結果，說明了為何新娘會被視為危險且在某些方面是有污染性的原因。她所擁有的力量，會繼續影響著女性的社會角色。

在結婚當天，新娘被視為危險是因為她的力量會對其他人造成傷害。新娘的力量最強大的時刻是正當她要跨過分隔她與夫家的門檻，身分改變之際。跨門檻是指新娘依照儀式正式進入新郎家之時，這標示著她新生活的開始，應該盡可能以最好的方式完成。這個進門動作具有象徵意義，因為這是決定她未來新生活的關鍵，新娘跨過門檻表示順利進門。每當有人進入房子時，特別是經由主要的入口，一般認

---

41 附錄三描述祭祖儀式。祭祖強調兒子追思他們已故祖先的義務。當家族命脈遭破壞，死去的先人會變為遊魂，因為它們再也沒有特定可歸屬之地。

為不應該踩到門檻，否則不祥之事將會降臨在該房子或該人身上。婚禮當天，新娘的力量最為強大，因此她所做的任何事之強度都會擴大，包括跨過門檻。因此，假如新娘踩到門檻，一般相信這會招致厄運，危害此家戶及家人。同樣的，新娘也可能遭逢惡果。

將新娘娶進門需多番努力，幾經談判，也要花費大筆金錢。由於已投入龐大的金額，新娘一定要能對家庭做出回饋。因此，任何意外的發生都可能造成後代永久的損失，其中最糟的狀況是新娘殞命，其他的壞事像是新娘身患重病或病痛纏身以致無法生育。總之，新娘進門總是會被期待要以媳婦的身分為夫家做出貢獻，帶來好運。對華人家庭而言，家族命脈中斷、世代無法擴大被視為人生中最不幸的事件之一。

將火爐置於近大門處，目的是要袪除新娘跨過門檻後可能帶來之惡果。新娘過門時，必須跨過火爐來消除她的「煞」。因為帶有「煞」，所以在她跨過火爐之前，其他人是禁看新娘的。「煞」意味著她可能帶到新家庭的潛在傷害。

年輕的女性在婚後會繼續建立她們的子宮家庭，而且企圖操控她們的丈夫（Ahern, 1975: 200）。這些干擾家庭的形式包括：增加成員、分裂家庭和干擾男權。她被視為危險的原因是她有能力破壞男性所認為的理想家庭。

當災難發生時，新娘不會是責怪的對象。人們懼怕她的「煞」，避免接觸新娘或採取消「煞」措施是個人的責任。對此家庭而言，新娘是一個重要的部分和新成員，因為新娘給予家族延續的希望。因此，新家庭的成員很少責備她，不過會轉而怪罪她強大的「煞」。婚禮當天，由於新娘是「最大」的人物，人們以最敬重的方式待她，就如同當地的人會說「新娘結婚，她最大」。

「煞」的所為

一般使用的消「煞」方式很多。一名年近70的乩童告訴我，過去

人們會放置一對活母雞和公雞在祭祖的供桌下來抵消新娘「煞」。現在這樣的習俗已不復在。根據這名乩童所言，這對活雞可以「吸收」或對抗新娘「煞」。據傳「煞」的力量強大，在新娘穿過前門進入之時，甚至會造成公雞或母雞當場死亡。我問這樣的事件是否發生過，乩童說在大富村是沒有聽說，但是在西連確有其事。

家中也會有其他與新娘「煞」有關的反常現象和事件發生。有物品破裂時，一般相信新娘「煞」此時已經減緩。這名乩童舉了一個約二十年前發生在大富村的事件。當時一位新郎母親的妯娌在新娘正準備進行奉茶儀式時突然昏倒，必須緊急送醫。這名親戚的位置在供桌和廚房之間，新娘當時已經跨過火爐，祭拜過祖先。同時也發生另一件事，在奉茶儀式即將開始時，之前祭祖時完好無缺的茶壺此時被發現把手斷裂。這兩個事件被認為相關聯。根據乩童的說法，茶壺吸收了大量的新娘「煞」，假如茶壺沒有破裂，剛好在新娘「煞」場域的親戚可能會遭受更嚴重的傷害。

另一名深諳婚禮習俗的乩童告訴我，屬某個（些）生肖的人應避免參加婚禮，否則會與新娘「煞」相沖。相沖的生肖是用各種因素和算法來判定，例如新娘的生肖或婚禮的年份。如同這名乩童的敘述，有一名女性親戚（新郎母親的妯娌）並不知道哪個生肖會與新娘相沖。當她到婚禮現場時，她說頭暈，然後在椅子上休息時昏了過去，立刻被送去醫院，但是再也沒有恢復意識，隔天在醫院過世。家人事後才了解她生肖屬羊，照理應避免在那個關鍵性的早上參加婚禮。在此例中，新娘「煞」並沒有被房裡的其他東西所吸收，因為家裡沒有物品破裂，也沒有任何動物或寵物死亡。事先查明自己的生肖是否與新娘相沖是一種好習慣，這個問題可以向新郎母親查問，因為她會請教乩童相關事宜。由於這名親戚從不知道此事，因而沒能了解或是查明生肖屬羊者會與新娘相沖。

以上兩個例子中，受害者皆是嫁入新郎家庭的女性成員，非源自於此家族。事實上，新郎的母親在婚禮儀式和其他慶祝活動中是焦點

人物，父親並沒有參與。在婚姻儀式中，女性比男性更具主導地位，如迎娶、點火爐以及婚前許多籌備工作，都是由女性負責安排。新郎的母親成了婚禮主要的主持人，因為她是接待親戚者、參與祭祖的關鍵人物以及邀請賓客參加奉茶儀式的招待人。祖先屬於她的夫家。正如這名乩童兼媒人向我提及的，母親的參與跟保持家庭和諧以及避免家人間的爭端有關。新郎的母親與夫家姓氏不同（客家話稱 'ngòi siàng' 外姓），因此不屬於同一宗族。若是新加入的新娘與家庭發生糾紛時，不好的後果會降至最小。新郎的父親和其他出席的家人與親戚來自同宗族，假設牽扯其中紛爭，原本宗族的和諧將受到影響。

我將那名乩童所言解讀為新郎的母親以前也處於同樣的地位與情況，因為她曾經是一個新娘，嫁入夫家。新娘被視為夫家宗族的外來者，新娘在此家庭中發生的任何爭端被認為是族外之事，宗族的福祉不受影響。即使在新郎的母親過世之後，女性在婚姻儀式中的地位仍然穩固。若情況如此，此角色就會由父親的嫂嫂或弟妹取代，成為祭祖儀式的主持人，迎接她的丈夫和小叔或大伯的祖先駕臨。招呼祖先是婚姻儀式中一個很重要的部分，缺少一位恰如其分的主持人會冒犯祖先，這被視為不誠心歡迎祖先到來。

新郎母親作為主持人身分的參與，再次突顯她以一名非宗族的真正成員維持宗族內的安定和諧。從另一個角度看，身為招呼祖先的人可被視為一種榮幸與信任，因為她會引領另一名新成員，這次是她的媳婦，來到這個家庭和宗族。保護家族及確保家族擴大是很重要的，藉由媳婦的參與，宗族的安定和諧是可預期的。

Ahern（1975: 201）寫到，根據男性的理想標準，權力必須由家戶的家長、宗族的族長以及社群的領袖來行使。當女性參與這些活動時，看似她們沒有社會認可的地位卻在幕後行使操控權力，這被視為對男性秩序（male order）的威脅。Ahern（1975: 201）更進一步指出，這樣的模式是男性受控於年長女性，通常這些女性本身是婆婆。較年長的女性也常有運用權力和影響力的機會，這是較年輕女性所沒

有的。在確定兒子對她們完全忠心後，她們就可以在他們身上行使相當大的控制權，甚至在他們長大成人結婚生子之後亦然。

這說明了為什麼母親會努力爭取婚姻儀式按禮俗正確舉行的原因。她已經控制住她的兒子，也會繼續如此。婚姻是讓她對這個較年輕女性即她未來的媳婦施展權威的一個平臺。大致上而言，遵循儀式就是要確保婚姻美滿，多子多孫，為此家庭帶來和諧。另外，母親也想取得和行使更大的權力來控制她的子宮家庭。

現代社會中，面子問題也是婚禮籌備時的考量。大富村的村落規模小，這裡的女性圈子都知道村裡發生的主要大事。年長的華人婦女在社交活動中聚集一起，例如Margery Wolf（1985）寫到婦女在河邊洗衣，這使得她們最能被看見。在大富村，女性圈子零散，是由鄰居、姊妹和親戚所組成。到鄰居家裡閒聊對當地女性來說是家常便飯，因為她們會帶一些蔬菜水果當做禮物。當一件重要的大事來臨，比如婚禮，探訪就會更加頻繁，每個人渴望知道最新的進展，她們會交換意見、提供建議、分享自身經驗等。我將這類的聚會視為一種社會控制。女人間的八卦對話終究會傳至男人的耳中，這是一種傳達方式，告訴男性要檢視自己的社會形象以及確保家庭最後不會因為該做的事卻沒做而丟臉。婚禮的籌備工作並沒有固定或明文規定，大多經由當事人的口耳相傳。面子問題和家庭尊嚴是優先考量。新郎新娘的父母在做某些決定之前會先考慮村民的想法。

第六章　婚後生活

　　華人的傳統非常重視女兒出嫁後，必須跟著丈夫及其家人過生活，女兒像是家庭的暫時成員（temporary member）。在此研究中，我對新娘的婚後生活感到好奇。如同之前的章節所提，為了籌辦女兒的婚禮，投入這麼多心力，而婚後大家對新娘的期待是什麼？她和原生家庭的關係會有什麼發展？有句俗話說「嫁出去的女兒，潑出去的水」，意思是她將永遠離開原生家庭。這句話跟大富村社群的實際情況相符嗎？大富村社群居住在一個封閉的環境，這裡的人們大部分都有親戚關係或是有家人住在附近。

　　一個女兒一生中所經歷的階段和期待之理想安排是：結婚—搬入夫家—成為全職家庭主婦—生兒育女延續家脈。既然她現在在新家庭有這麼多的責任，婚後和原生家庭的關係實際上又是如何發展呢？女兒搬回原生家庭居住是違反社群常態的。

　　當新娘祭拜祖先時，等於已經正式宣布她要離開原生家庭並與丈夫和其家人同住。我在上一章提及，婚禮前在新娘家庭所舉行的祭祖儀式，供桌放置於大門外，象徵女兒從來都不屬於父親宗族，她的地位只是暫時性的，最終會離開家庭。

　　媳婦和婆婆都是嫁入的成員，並未和其他家庭成員包括出生於此家庭的女性有同樣的姓氏，她們一直會被視為外來者。我在前一章寫到，新郎的母親負責祭祖儀式和奉茶儀式，而父親的角色不重要。母親的參與是一種維持家庭安定、避免爭端的保障，因為她是「外姓」，不與此家人同姓氏，因此不與他們同屬一個宗族，若有任何紛爭發生，會被認為無關宗族之事。

　　大富村很多情況並不符合這樣的理想家庭安排。有許多例子是女兒因為工作關係，繼續住在外地，並決定將孩子寄留原生家庭照顧。有時候，當有其他女性新進成員時，媳婦在家戶中位階下降，轉而擔

任次要的角色。本章再次討論在前面章節所呈現的一些理論和概念，並說明新娘婚後的生活。

大富村新娘

　　一名新娘婚後會與夫家同住，這對新婚夫妻成了這個大型基本家庭或折衷家庭的一部分，每當一名兒子結婚或是有新生兒加入時，此折衷家庭人數就會增加。新娘和她的家人，即使在有了幾個子嗣之後，仍然可能同住一段時日，有些家庭在幾年之後可能搬出去自組小家庭或夫妻家庭，不過這只有在他們負擔得起新房子時才會發生。我在第三章提到，大富村民心中充滿希望，等待政府撥地補助，這裡大部分人所賺的工資不足以在大富村附近或較近的城鎮（比如哥打聖陶沙）買房子，他們期望政府幾年前的土地發展方案可以很快開始繼續進行下去，有鑑於此，他們寧可等待這樣的決定發生。不管未來的土地發展及買房子與否，大部分的新婚夫妻在婚後的早期階段都有與姻親同住的經驗。

　　此研究的261位受訪者中，並非每個人都在婚後搬去與夫家同住。較年長一代是來自中國的移民，因此除了丈夫，很多人在此地沒有近親相伴。如表4所示，最年長的年齡層是由9名超過80歲的受訪者所組成，其中4名在8~14歲[42] 時移民。此年齡層中有5名受訪者在婚後與丈夫同住，其餘受訪者則與夫家同住。下一組年齡層，受訪者年紀76~80歲，17名中有7名婚後與丈夫同住，比例仍高。

　　較年輕一代中，趨勢顯示多數新娘在婚後與夫家同住，與丈夫同住的比例很少。所有36歲以上的受訪者中，沒有人與原生家庭同住。年紀較輕（21~35歲）的受訪者中，大多數的婦女與夫家同住。

　　我發現有3名受訪者情況特殊，因為她們在婚後選擇住在原生家

---

42 我於2005年底到2007年間進行訪談，在此期間，此年齡層的一位受訪者過世了。

庭。對大富村社群而言，這不被認為是一種理想安排，而且事實上是違反村落的社會常態，我問她們為何要違反社會常態，使自己蒙羞？這樣做的好處為何？或是為什麼她們要這樣做？毫無疑問，她們會替原生家庭招致混亂，尤其是在同住的嫂嫂和弟妹之間。

表4：新娘婚後的居住安排（括號內為百分比）

年齡層	年齡範圍 （2005~2007年）	受訪者人數	同住者		
			丈夫	夫家	自己原生家庭
1	15-20	0	0	0	0
2	21-25	8	0	8 (100)	0
3	26-30	22	1 (4.5)	19 (86.4)	2 (9.1)
4	31-35	25	1 (4)	23 (92)	1 (4)
5	36-40	29	0	29 (100)	0
6	41-45	35	0	35 (100)	0
7	46-50	31	3 (9.7)	28 (90.3)	0
8	51-55	27	2 (7.4)	25 (92.6)	0
9	56-60	27	3 (11.1)	24 (88.9)	0
10	61-65	16	4 (25)	12 (75)	0
11	66-70	6	0	6 (100)	0
12	71-75	9	1 (11.1)	8 (88.9)	0
13	76-80	17	7 (41.2)	10 (58.8)	0
14	81以上	9	5 (55.6)	4 (44.4)	0

在進一步詳述這些議題之前，讓我們再次回顧第三章所定義的家庭形態的理論。一個基本家庭，也稱核心家庭，是由一個基本的單位，父或母或是父母及其未婚子女所組成，只包含兩個世代。這基本上是一個年輕的家庭。當子女結婚有自己的家庭時，它就成了一個折衷家庭，這是由父或母或是父母、已婚子女及其子女和其他未婚子女所組成。這個家庭形態包含三個世代，以及有叔伯姑輩存在。最大的

家庭形態是大家庭，是由父或母或父母、已婚子女和孫字輩，以及曾孫字輩所組成。這是一個四代同堂的家庭，家庭中的叔伯輩也有自己的家庭。

在折衷家庭中，新娘居住在與丈夫和其兄弟姊妹共享的房子裡。不管新娘嫁入的家庭形態為何，她會跟隨著丈夫的方式稱呼她的新親戚。她會隨著先生稱呼她的公婆為爸媽。從婚禮當天開始，她的人生就轉換到一套新的權威制度下：公婆的權威。她必須交代她的行蹤，尤其是要告知婆婆，例如她要去哪或做什麼事。

婆婆變得比公公更像一位主導人物，婆婆行使較多權力是有原因的。在這個例子中，新娘（媳婦）才剛搬進來，仍然被視為外人，因此，她必須學習家事的「手藝」，這是分派給女性的家庭職責，無疑地，教導媳婦的最佳人選就是婆婆。Levy（1949: 108）寫到，一名華人女性是生活在婆婆的監控和紀律之下，婆婆是負責使新娘融入家庭單位者，所以在家庭結構中，新娘成了婆婆的下屬。公公作為家中最年長的男性成員，成為男性家長（patriarch），家庭重大決定由他做主，若家裡有事需要解決，則會尋求他的建議或許可。憑著身為家中最年長的女性成員，婆婆成了女性家長（matriarch）。不過，假如祖父母仍健在，作為家中最年長成員，他們會擔負起此家庭中的男性家長和女性家長的地位，在祖父母其中一人已過世的情況下，其角色將由下一代最年長者取代，所以是有可能由公公和祖母（公公的母親）來擔任家長的情況。不過，通常在家庭內的家務部分會由男性家長的妻子掌權，而後由她取得女性家長的地位。家務領域（domestic sphere）涵蓋房子及其他所屬占地面積範圍之內的地區。在大富村，祖母（最年長女性成員）、兒子（男性家長）與媳婦（女性家長）同住的情況相當普遍，祖母的孫子和孫媳婦，連同未婚的孫子皆同住一間屋子。當祖母的丈夫在世時，祖母仍然擔任家庭的女性家長的角色，假如先生過世，女性家長角色移交由媳婦擔當。

與原生家庭的關係

雖然新娘搬入與夫家同住，理想上應該仍然與原生家庭保持聯繫。我前面引用的流行說法，把新娘比喻成潑出去的水，意思是她和原生家庭不再有關係，這個情況不會在大富村發生。事實上，只要婆婆沒意見，母親非常樂意見到自己的女兒回去拜訪她，不論何時也不管多少次。取得婆婆的同意是很重要的，因為已婚女性對丈夫、公婆和子女有所義務，凡事須以他們為優先。舉辦大型的慶典活動或宗教儀式時，嫁出去的女兒有義務回去探訪原生家庭。

大富村的新娘經常回去看望原生家庭，並沒有切斷與原生家庭成員的關係，不過仍投入大量時間照顧新家庭。這裡的社群比鄰而居，就如同第三章所描述，親戚或其他家人住在附近十分常見。在大富村，家家戶戶之間的距離很近，因為這是一小型的社群，在村落中四處往來方便。當新娘探望原生家庭，她如果不是強化與原生家庭的關係，就是維持關係。

也許是女兒天性與父母親近，儘管女兒在原生家庭中是個暫時成員，她仍然和原生家庭維持親密的關係，同時也忠於丈夫。我問了幾名大富村民有關女兒婚後回娘家（原生家庭）次數頻繁的看法，他們答說：「兒子婚前是兒子，女兒永遠是女兒。」也許，我需要把這個說法解釋清楚，雖然女兒只擁有暫時性的家庭身分，不過家人會永遠記得她是真正的家人。她被敦促著要在人生路上繼續往前走，找個好人家結婚，有自己的未來和家庭。催女兒結婚成家並非要和她斷絕關係，事實上，婚後的女兒依然跟原生家庭關係緊密。

分娩與探訪限制

雖然娘家非常歡迎出嫁女兒的拜訪，還是有些限制，如女兒在坐月子期間不被允許回娘家。大富村有一些與出嫁女兒和其娘家相關不可做之事，例如，一般相信女兒不該產後在娘家坐月子，這樣厄運會

降臨至同住的其他未婚兄弟身上。據說女性在產後是處於一種產後污染的狀態，當她出現時，整個家戶視同處於污染狀態，也會污染到其他人。我在第五章有提及污染與分娩的理論。

我聽說過女兒在娘家坐月子的例子，由自己的母親幫忙洗衣煮飯、照顧嬰兒。我向一些較年長的受訪者（約60~65歲）釐清此事，她們問我這些是不是客家女兒的例子。我知道至少有兩例，所以告訴她們其中一位是潮安人，另一個是福州人。根據受訪者所說，她們覺得這些不是客家女兒，所以才沒有嚴格遵守這個信仰。「看吧，她們不是客家人，所以她們不信這個。」這是我的受訪者的評論。我再問到：「這個信仰只限於客家人嗎？」其中一名回答：「我們客家人比較依循傳統習俗，其他的社群比較現代化，所以他們就不再遵守了。」另一名資訊提供者補充說：「這是長輩告訴我們的信仰，所以最好是信，照著做，不要違背。」這些回答顯示大富村的女性相信作為客家人，她們會遵循長輩所流傳下來的方法和規矩。她們把自己和自覺較現代的城市居民區分開來，認為現代化的族群已經放棄了大部分的傳統信仰。我必須強調這些只是客家觀點，並沒有反應其他社群的真實想法。

單一宗族地位

女兒一旦出嫁，就被認為已經離開原生家庭宗族，現在屬於丈夫的宗族。Newell（1985: 89）寫到，中國有些地方，女性與宗族可能有很微弱的關係，她們被視為同時屬於兩系宗族，萬一丈夫過世，她可能會回去跟原生父母同住。在大富村，當女兒嫁出，她即成為另一宗族的成員，而不是像Newell所說的同屬兩個宗族。嫁出去的女兒有規定哪些事不該做。例如，已婚女兒是禁止在娘家過夜的，除非有緊急情況，比如家裡有人過世，父母病入膏肓，或是因為女兒住在遠地。有一次，一名大富村準新娘的已婚姊姊想在婚禮前一天在娘家過夜幫妹妹準備婚禮，但是因為她只住在幾條街之外，母親阻止她留下

過夜，以免與婆婆之間產生摩擦。即使娘家在辦喜事，已婚女兒仍須遵守夫家的規則。

已婚女兒回娘家探望停留的時間不長，她們會被勸導要在天色變暗前回家。有個週末，我和一名約65歲的女性進行訪談，因為當時天色已晚，這名女性的女兒帶著孫女來看她，她就催著女兒快點回家。那時，女兒就咕噥抱怨說為什麼每次她來看母親，母親都要趕她回去。母親回答說，天色晚了，她的婆婆一定在等她回家。女兒離開後，我再細問，她告訴我：「嫁出去的女兒是別人的媳婦，她在婆家還有事要做，不該在這兒閒晃。」

當女兒搬回娘家住時，可能會成為村民八卦的話題：她是被公婆趕出來，或是和丈夫吵架。暫且搬出去住或長期住在外面或許可以一時遠離混亂，但不是長久之計，這些女兒最終還是可能會搬回去。若是丈夫過世呢？這會影響她搬回娘家住的決定嗎？無論如何，嫁出去的女兒是不太可能搬出夫家的。她的子女形成丈夫宗族的一部分，男孩被視為家庭的永久成員，因此，他們有義務與父親的家庭同住。若她膝下無子，公婆不會讓她搬回娘家，因為這會讓他們難堪，好似她在喪夫之後遭到婆家欺負。不論是否成為寡婦，她都是夫家的媳婦。對喪子的婆家來說，後續問題是媳婦的生活費，大部分的家庭其實不會費心照顧寡婦，給予經濟上的幫助。男性通常是家裡賺錢養家的人，丈夫過世會嚴重影響沒有工作的妻子，她可能會找一份兼職工作以填補收入。

姻親關係

有些出嫁的女兒與娘家關係並未疏遠，仍經常保持連絡。有時候，已婚女兒反而會將子女託給自己的母親照顧，而不是交由婆婆。我在此以個案探討已婚女兒回娘家尋求支持的原因，來說明姻親親屬關係。這是因為婆婆給予較少幫助？或是婆媳關係不和睦？

根據Gallin和Gallin（1985: 101-103）的說法，有幾個原因可以說明在華人社會中長久以來被忽略的母方姻親關係。原因之一是，中國的父系社會制度長期強調以父系親屬關係來制定其生活原則，姻親關係本身可能被視為一個政治和經濟活動的重要基礎（Freedman, 1958: 104），但是Gallin和Gallin（1985）指出，姻親關係經常被放入婚姻與儀式的象徵意義脈絡下來探討，這是為什麼大部分的研究者會問類似這樣的問題：為何已婚女兒要試圖維持他們的家族關係？

　　在以上的例子中，我主要敘述已婚女兒與原生母親關係的實際價值，但是對她和婆婆之間的關係描述不多。已婚女兒如何在她的父系親屬和丈夫的父系親屬之間定位自己？由於兩套父系親屬系統之間有姻親關係，因此，她必須能同時應付兩種身分，以及維持她在兩系姻親親屬之間的關係。她是如何做到的？為了避免混淆，以下我將已婚女兒的父系親屬稱為娘家，丈夫的父系親屬稱為婆家。

社會關係

　　雙方的結合創造出一種新關係並轉而促進社會交換（social exchange）。根據Gallin和Gallin（1985: 103）所言，姻親關係理應產生社會交換：個人因期待回報而贈禮給他人。Gallin和Gallin更進一步指出，為了更加確定他人會履行其責任，華人用「情」（ching[43]）來投資人際關係，同時維持「感情」（kan ching[44]）和「人情」（jen-ching[45]）以換得較好的回應，這些概念與人們的感情和行為有關，亦即雙重關係的存在。另一種感情稱為「親情」（chin ching[46]），存在於親屬之間，不論關係是父母與子女、表堂兄弟姊妹、祖父母還是姻親親屬。在姻親親屬之間，他們知道有這樣的關係和感情存在，因為

---

43 中文發音。
44 中文發音。
45 中文發音。
46 中文發音。

「親家」一詞被用來稱呼新娘父母和新郎父母之間的關係，「親家」是指有姻親關係的家庭。

在「送日子」的婚姻儀式中，新郎家到新娘家行聘禮時，雙方家庭的親屬關係變得明顯。新娘家會象徵性的退回部分禮物，大富村民稱這樣的行為是「有來有往」（"Yu lôi yu hi" 有來有去），意味著雙方家庭的互動將會持續下去。

這些社會交換可以是兩面的，就如同Freedman（1970: 186）所描述，姻親可能「好相處」也可能「很麻煩」，在婚姻的脈絡下，對立衝突多於和諧一致。親屬可能是一種威脅到華人社會的排他性、團結性和父權群體的潛在分裂力量（Watson, 1981: 609）。婚姻儀式將新娘和其娘家分開，而後也形成姻親親屬之間的距離。Freedman（1970: 185）提到，婚姻禮儀將新娘從一個家庭完全移交到另一個，包括她的實體、生育能力、家庭勞務和對家庭的忠心，她在新家庭如何繼續生活是另外一回事，因為她可能會成為一個資源消耗者或是一名潛在的敵人。確定的是，嫁掉女兒是家庭渴望達到的目的之一，如同Freedman（1970: 185）進一步指出，「這些儀式假定的狀況與事實不符：在『婚約』之前，兩家人互不認識。他們重視兩家之間的形式與距離、透過中間人來調解他們之間的關係、強調他們之間的相對利益，以及在提親到整個婚禮完成期間接二連三進行的主要事件中將彼此隔開。」我發現大富村居民互相認識，事實上，新娘新郎雙方家人可能早在結婚前就與對方熟識。如同Freedman所指出，儀式是強調雙方之間距離的一種形式，他也指出這樣的界限存在於兩系姻親親屬之間，婚姻的法律必須是公認的且被遵守的，但可以確定的是，雙方已經建立姻親關係。

男性父系親屬

表面上，女性之間所建立的關係可能看似簡單，但如Freedman所指出，它也產生另一種形式的關係：一名男性和其母親的父系親屬之

間的關係。這些是截然不同的兩個宗族群，母方親屬形成錯綜複雜的關係。以這名男性的觀點看，母親是他的父系親屬群之一員，他自己是個血親，同時也是姻親，他的母親有著不同的姓氏，透過婚姻與他們產生關係，姻親成員之間會產生一些不確定性和模糊性。在大富村有個例子，新郎母親的一名兄弟受邀至晚宴，他備受尊重，被安排在主桌的座位，一名年長的男性村民說 *"Shong yu lûi kung, ha yu me khiu"*（上有雷公，下有姆舅），意思是「天上雷公，地下舅公」。

　　這個說法意思是，人們天生最懼怕雷公，但是在社會關係上，我們最敬畏的人是舅舅，因為他的威望很高。為什麼舅舅使人懼怕？我進一步詢問。他們告訴我，如果舅舅拒絕參加婚宴，這對此家庭會是奇恥大辱，因此要照顧到他的喜好，假如不滿意食物，他可以離開或當眾大吵大鬧，一旦這種情況發生，也沒有人敢反抗他，因為舅舅對甥兒女之婚禮有很大的決定權。

　　在其他情況，像是某人的母親過世，其母系舅舅會檢查他死亡的姊姊或妹妹來判定是否有可疑之處，他也會是第一位將釘子敲入棺木蓋的人。這樣的一個力量就是母系舅舅或這位女性的男性父系親屬的角色所擁有，他可以行使對他的血親的影響力。我個人認為檢驗死亡姊妹的屍體是要確保她可以得到一個合宜的葬禮，因為她現在是屬於另一個家庭，也非她丈夫的宗族中的真正成員，所以確保儀式按禮俗舉行的責任落回到娘家的父系親屬身上。

　　這可能是Freedman為何論及有關保持姻親之間的距離，及說明會有問題因婚姻儀式而產生（Freedman, 1970: 186）的原因。這些婚姻儀式沒有提到一名新娘如何在兩個父系親屬系統之中兼顧其職責，然而，她和娘家的關係並沒有完全切斷，甚至直到她去世之前，娘家人依然關心她的幸福。

　　男性父系親屬提供了大部分其姊妹所需的支持，如同第五章所提，新娘的弟弟帶著嫁妝抵達新郎家，表示弟弟有榮幸肩負運送新娘唯一財產的重責大任。Freedman（1979: 270）寫到，兄弟是姊妹的保

護者，運送嫁妝也象徵著保護她們的財產，如遇到繼承上的爭議，特別是在外甥的母親（姊或妹）過世時（Freedman, 1979），兄弟的角色會延伸成外甥之間以及外甥與其伯叔之間的調停者。

遵循平等

Gallin和Gallin（1985: 112）提到姻親親屬採用平等的原則來強化合作和義務的關係。邏輯上看，社經程度有明顯差異的兩家人，感覺上很難培養良好和睦的關係，因為之前的生活方式差距甚遠。在大富村，如果男女雙方門當戶對，父母會馬上同意孩子的婚事，聘禮嫁妝的交換不成問題，不會阻礙婚姻，也不會影響之後的姻親關係。但如果雙方的社經地位不相等，其間的差距可能會大大降低姻親關係建立的可能性。

我在第四章舉了一個相當富有的新娘家庭強索離譜聘金的案例，不合理的要求引起村民對這家人不斷地抨擊污辱，他們覺得這個家庭想要「賣女兒」。假如這名新郎也同樣來自經濟富裕的家庭，這個金額看起來就不會太高。整起事件之後的姻親關係可想而知，對雙方家庭來說，要建立親密關係絕對不容易，兩家之間的差距也會影響到其他父系親屬成員。另一例是有名新娘必須與妯娌（新娘丈夫的哥哥之妻）同住，她生在富裕家庭且從不需做家事。這位妯娌的家庭經濟背景在她身上形成了一種假象：她不用做家事，婆婆甚至也應允她不用工作。有些母親會阻止女兒不要完成高等教育，因為害怕女兒與其婚姻對象地位懸殊。大富村主要是農業背景，高學歷的女兒想找到相同教育程度的丈夫可能有困難。

大富村的個案

以下我舉出三名大富村新娘的個案，以及婚後與各自的家庭成員之關係，包括她們的姻親和父系親屬。這些例子讓我們對大富村的媳

表5：新娘和新郎的背景資料

案例	新娘背景及資料	新郎背景及資料	結婚月份（農曆及國曆）
案例一 A新娘	・21歲 ・新生村人 ・曾在古晉一家連鎖華人餐廳工作，已辭職 ・計畫到新加坡工作但遭到反對	・31歲 ・家族事業—家禽農場 ・為案例三新郎的哥哥	2005年農曆2月，國曆3月
案例二 B新娘	・27歲 ・大富村人 ・在新加坡工作 ・懷孕新娘	・29歲 ・在新加坡工作	2006年農曆2月，國曆3月
案例三 C新娘	・24歲 ・大富村人 ・裁縫（在家幫忙母親）	・25歲 ・家族事業—家禽農場 ・為案例一新郎的弟弟	2006年農曆8月，國曆9月

婦生活有所了解。

案例一：A 新娘

A新娘在2005年的農曆2月（國曆3月）結婚。丈夫為長子，家裡經營家禽農場。公公是當地人，出生於近土地公廟之處的鹿邦（村落舊址），公公的家庭在鹿邦有座農場，但是當「鐵鎚行動[47]」展開，他們就必須遺棄那裡的農場。遷到大富新村後，他們發現要從新家每日往返農場不易，因此決定在大富村附近購買一塊地，也就是目前住家和農場的所在。當時村民活動受到限制，於是他們在村裡販賣雞肉，生意不錯，農舍座落於距離大富村約1公里處。1980年解嚴之後，這家人為了方便起見決定搬出大富村住在農舍。近年來因為成本逐漸增加，生意收入並不好。

---

47 「鐵鎚行動」詳細內容請參看第三章。

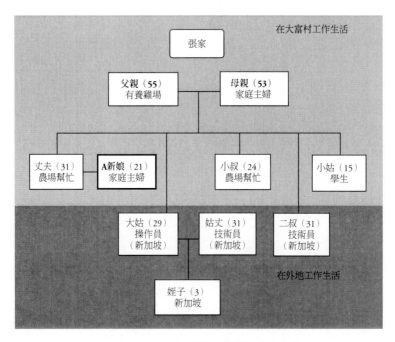

在大富村工作生活

張家

父親（55）
有養雞場

母親（53）
家庭主婦

丈夫（31）
農場幫忙

A新娘（21）
家庭主婦

小叔（24）
農場幫忙

小姑（15）
學生

大姑（29）
操作員
（新加坡）

姑丈（31）
技術員
（新加坡）

二叔（31）
技術員
（新加坡）

在外地工作生活

姪子（3）
新加坡

2005年12月：A新娘嫁入張家之後的關係

　　A新娘跟丈夫、公婆、小叔和小姑一同住在農舍。丈夫有一個妹妹，已婚育有一子，還有一個弟弟，這兩個弟妹都住在新加坡。以上的略圖顯示此家庭的關係和結構。

　　A新娘的原生家庭來自新生村，距大富村約8公里。她是三女，上有兩個姊姊、一個哥哥，下有一個弟弟和妹妹。兩個姊姊都已婚，其中一個也是嫁給大富村人，其他兄弟姊妹都留在新生村。新娘的家庭是做小吃生意，在商店美食街經營一家小攤販。

　　A新娘在新生村的Sekolah Menengah Kerajaan[48] 完成中學教育，畢業之後在父親的店裡幫忙。她曾經到外面工作，和三名同學在古晉的

---

48 政府國民中學。

一家華人連鎖餐廳當服務生。由於她們三個是從外地來的，老闆免費提供住宿，她覺得其他同事因為沒有如此待遇而對她們心生猜忌，兩個月後她辭職了。此外，與家人分開讓她很想家，在古晉短暫工作後，她最後回到父親的小吃攤幫忙，也幫母親做家事。她也想過跟隨朋友的腳步到新加坡去闖蕩，不過父母和男友反對。男友現在是她的丈夫，據她所說，若是當年到新加坡工作，她不可能會在21歲就早早結婚。

每日例行公事

A新娘每天早上的例行公事如下：通常六點起床，幫忙準備早餐；（家庭成員到農場工作，小姑到學校上課）做家務事，如掃地、拖地、整理房子和洗衣服；（婆婆去農場前會到大富村市集買菜）處理婆婆買回要烹調的食材。接近中午時段，婆婆自農場返家，休息片刻後準備午餐，A新娘會協助。當其他家庭成員回家時，大約會在正午時間吃午餐。之後，A新娘會清理廚房，再把午餐的殘羹剩飯拿去餵狗；檢查衣服是否曬乾，將衣服收至客廳摺疊整齊。摺衣服時，其他家庭成員可能會在客廳看電視或報紙，聊聊時事新聞。大約下午兩點，幾乎所有家庭成員會回到自己的房間午睡。這個時候，小姑也應該放學回家了，她吃過午飯後會做功課、看報紙。下午四點，公公和婆婆再度出門到農場，先生和小叔會把雞隻送到附近的各個買家，有時候要送到古晉，A新娘和小姑會找機會跟著去。

A新娘每週六下午通常會回新生村的娘家，有時丈夫送她過去，晚上再接她回家。她偶爾會跟著姊姊[49] 一起探望父母。若是沒人接送，她會請哥哥或弟弟載她。

我問A新娘是否想要找工作賺點錢，她說目前還沒想過，畢竟家裡有成堆的事要做，因為婆婆要到農場幫忙，會有較多的家事交由她

---

49 A新娘的姊姊也同樣嫁給大富村人。

做。我問她是否已經學會所有該學的家事技巧？她覺得這些是簡單的家務事，她婚前就做慣了。她說，在某種程度上，母親和婆婆的例行公事很相似，她們會出門在外很長一段時間：母親會到小吃攤幫忙，婆婆則是到農場幫忙。我問她對男人做家事的看法，比如叫先生來幫忙，她回說她有時忙得不可開交，真的很想叫他幫忙，但還是沒有這樣做，因為顧及先生已經在農場長時間辛苦工作。他們這時還沒有小孩[50]，不過當有孩子時，她會需要先生的幫忙。我又問她對未來有何預期？她說她不知道，但是希望有一天可以有自己的房子，這不是因為她在夫家住得不開心，事實上，她覺得她的生活過得還不錯，只是認為可以擁有一間屬於自己的房子會更好。這是一種保障的形式，也是一種對穩定的需要。

另一位新進的新娘

下一頁的略圖顯示A新娘和夫家的關係以及在另一位新娘進入之後的家庭結構。她丈夫的弟弟已經結婚，同住在農舍裡。此時，不只另一名新娘加入，A新娘也生了個小孩。另外，她的外甥（大姑的兒子）也從新加坡搬回大富村農舍居住。

2006年12月，我與A新娘的第一次訪談後一年，此家庭結構和人口流動已有些變化。這段期間，她和丈夫搬入家裡在大富村的房子，當時A新娘已懷有四個月身孕。她說婆婆覺得他們可以利用大富村的空房子，在孩子出生後，對A新娘會比較方便，因為她的姊姊可以就近幫忙照顧她和嬰兒。此外，家裡也忙著準備二兒子的婚禮。考慮到A新娘對家庭的貢獻，我覺得這樣的安排實在令人難以理解。我從與村民的對話中得知，這名婆婆事實上忙於照顧女兒從新加坡送回寄養的外孫，所以擔心自己無力再應付另一個孩子，因為當時A新娘已經懷孕，況且家中也正在準備次子的婚事，最後就安排新進的新娘住在

---

50 在此時的訪談，A新娘結婚已經九個月，仍未懷孕。

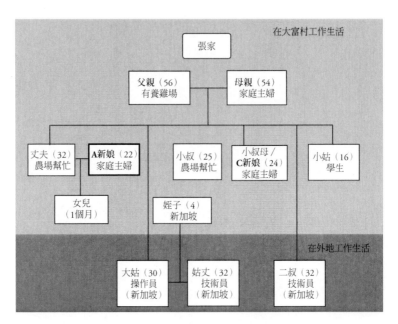

2006年12月：A新娘的小叔（丈夫的弟弟）結婚，新婚弟妹（C新娘）進入家庭之後的關係

農舍裡。

在這種情況下，A新娘可視為被「趕出」農舍。事實上，相較於小叔的婚禮，她是匆促成婚，計畫不周。我在第四章對A新娘的婚禮有做說明。她的婚禮是在小叔告知父母想要結婚的情況下匆忙安排的，因為習俗上長兄要先於幼輩結婚，所以A新娘和丈夫必須先舉辦婚禮以滿足家庭的期望。

新進的妯娌

A新娘的新妯娌C新娘同樣來自大富村，她的娘家並非有錢人。C新娘的父親是小規模菜農，母親是裁縫師。婆婆安排A新娘搬出農舍，大概是偏愛C新娘。確定的是C新娘的娘家和婆家是舊識，因此婆婆可能不想得罪C新娘的父母和危及雙方家庭的關係，才會認為讓

A新娘到大富村的房子住是較佳的選擇。讓C新娘在婚後住在大富村的房子會是比較實際的做法，不過婆婆卻是決定讓這位新進的C新娘與她同住在農舍。

搬遷

A新娘、她的先生和女兒，透過搬進另一間房子組成一個核心家庭開始獨立生活。在大富村，許多新娘渴望組成自己的核心家庭，這與女性構成自己的子宮家庭[51]的因素有關，A新娘已經開始形成自己的單位。在極端狀況下，新娘可被視為想要打破層級，尤其是婆婆的層級。我在第五章描述到Ahern（1975）的觀點：新娘為污染物質，此污染可能會分裂家庭中的社會群體，特別是在母親（婆婆）和兒子（丈夫）之間。Freedman（1970）使用了「很麻煩」這個詞指陳新娘的潛在行為。

有人可能會認為婆婆這樣任意的安排不公平，在此例中，這名新娘實際上是在婆婆的監管下得到了好處。她遵照婆婆的要求搬出農舍，現在她成了自己的家庭單位之女性家長，然而她住的房子並非真正屬於丈夫，因此她並不能提出對這間房子的所有權。有時娘家的父母會來探訪，但不會留下過夜，因為他們認為這間房子並非女兒和其家人的財產。有一次我不經意聽到有人說A新娘是多麼幸運，因為她「沒有和婆婆住在一起」，這表示大富村的婆媳問題是存在的。

當A新娘生產完，她待在家裡坐月子[52]。婆婆請來公公的姊姊幫忙，A新娘和她先生都要稱她「姑婆」。姑婆約65歲，與子女同住在大富村，她熟知中國傳統習俗，也在A新娘的婚禮儀式[53]中幫了不少忙，她是大富村有名的坐月婆。

---

51 子宮家庭的理論及意義的討論，請參見第四章。
52 坐月子期間有許多禁忌要遵守，大多是在食物方面的限制。坐月期持續一個月，實際天數要視國曆月份而定。坐月期的最後一天是嬰兒出生滿一個月。
53 姑婆是在A新娘進門時負責點火爐的那位女性親戚。

生男孩的重要性

我在A新娘坐月子期拜訪她時問她是否很開心生了個女兒，她的回答是肯定的。我問她是否計畫很快再生下一個，她說：「當然，我希望能生個男孩。」我問到：「為什麼？妳覺得生男孩很重要嗎？」她說：「對我來說，生男生女都一樣。然而，老一輩的人有重男輕女的觀念。」我問她是否覺得婆婆因為她生了女孩而不開心？她說：「不會。」她說婆婆已經很高興有孫子可以帶。我問到她原生母親的看法，她說：「我媽媽建議我最少要生一個男孩，這對女性來說是一種保障。」A新娘認為女兒總是會出嫁，就像她一樣，但是兒子會一直待在母親身邊。「保障」的意思是當她年事高時有人可以照顧她。我問她對男性因妻子不孕而再娶的看法，她完全反對這樣的作為，且認為最好的方式是收養孩子。她知道有許多窮人因養不起孩子而願意放棄讓別人領養，根據她所知，領養一個小孩不難，因此她表達出這樣的看法。

我問那位姑婆同樣的問題，她覺得，無論如何，先生不該離開太太。第一個解決方式是繼續努力「做人」求子。根據姑婆的說法，有些方法可以懷上男胎，例如拜求觀音娘娘的幫助。她認為婚姻中若求子困難，是命中注定之事。她告訴我一個例子，有對夫婦在領養一個兒子後，也終於生了自己的兒子。姑婆相信養子會「帶領一個弟弟來到這個家庭」，客家話中使用的動詞是「帶」。萬一這對夫婦仍然無法擁有自己親生的兒子，可能就必須接受這樣的命運：視養子為親生子。

大富村受訪者的看法所顯示出的數據，表示多數人贊同「最少要有一個兒子」。調查結果並未顯示是年輕人還是長輩比較偏好「最少要有一個兒子」的想法，不過大致上，有超過四分之三的受訪者認為生兒子很重要。共有60.5%（261位受訪者中的158位）的答案是因為兒子對家族命脈的延續很重要。我以為「生男孩很重要」的觀念已經落伍，但甚至是比較年輕的受訪者也同意這樣的看法。

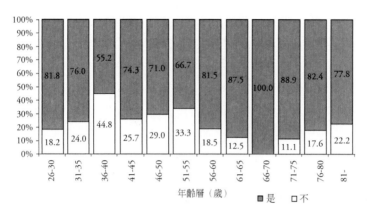

圖11：各年齡層受訪者對於「最少生一個兒子的重要性」之看法所占比例

無法懷孕最後可能導致夫妻離婚，不過離婚案件在大富村很少見。從我分析甲必丹的資料以及與村民的訪談中，只有一件村民皆知的離婚案件，據說是因為妻子在婚後五年仍無法懷孕。我發現這名丈夫再娶，但仍無子嗣；而其前妻再嫁且懷孕生子。另一個案例是一名婆婆很氣兒子和媳婦沒有替家裡生男孩，卻一連生了七個女生，她氣到無法控制自己的情緒，開始責罵兒子和媳婦。有次她誤以為他們在行房，其實是媳婦在清潔房間發出的聲音，她隨口大罵，連兒子都生不出來，拜託不要再「瞎做愛了」。此事件顯示大富村社群對媳婦抱有延續家族姓氏的高度期待，女性應該自己知道大家對她婚後要生男孩的期望。

新加坡的大姑

A新娘的大姑在新加坡工作，既然大姑的兒子是由大富村娘家的母親照顧，她當然會和娘家保持密切關係。她幾乎天天打電話回家詢問孩子的狀況並與兒子聊天說話。因為她工作時間很長，必須把兒子留在大富村。她的先生也是大富村人，在新加坡工作，他們倆從念書時就認識。

當我參加C新娘的婚禮時，剛好有機會見到這位大姑。她個人認為若非工作的關係，她不可能將兒子留在大富村。她之前是把兒子送到托兒所，但是因為她與丈夫的工作時間不定，無法好好照顧兒子，於是決定把他送回大富村，雖然痛苦但這是最好的辦法。我問她是否丈夫的家人會來看她的兒子，她說偶爾她的婆婆和小姑會把她的兒子帶回去跟她們住個幾天。我問為什麼婆婆不自己照顧這個孫子？她說她的丈夫事實上有這樣建議，但是她反對。因為家裡已有太多的小孩了（姪子和姪女），她覺得她的婆婆沒有餘力再帶更多的孩子，這是她的兒子為什麼最後交到娘家母親的手上照顧的原因。她告訴我她每月匯約馬幣600元[54] 給她的母親，作為一種象徵性的感謝，感謝母親幫忙照顧她的兒子。

案例二：B新娘

B新娘的婚禮在2006年農曆2月（國曆3月）舉行，婚禮當天已懷有四個月的身孕。她在新加坡工作，但是當肚子凸起時，她必須辭職回到大富村，因為先生還在新加坡工作，無法分身，因此她決定在娘家待產。

她這樣的行為違反社群常態，也被認為會對她其他未婚的男性手足造成傷害且招來厄運（前面有論及污染和分娩理論）。B新娘最後不得已，只能設法說服婆婆和娘家讓她在娘家待產。她做這樣的決定有幾個原因：第一，她的婆婆還要照料其他的孫子，無法兼顧坐月期必要的工作，例如：烹調新媽媽的產後調養食補、洗衣、幫嬰兒洗澡等。坐月婆的工作是很辛苦的。第二，相較於婆家，娘家人口少，比較安靜，安寧的環境能讓媽媽和寶寶得到較好的休息品質。

B新娘在坐月子期間替娘家付了大部分的帳單，甚至象徵性的給自己的母親一些錢感謝幫忙。她原本存了一筆錢要雇坐月婆，以防萬

---

54 2007年價格。

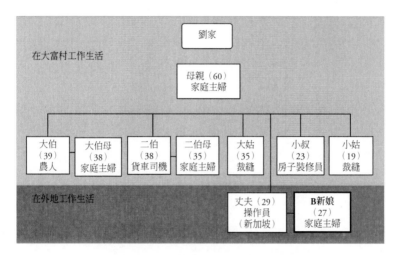

2006年12月：B新娘嫁入劉家之後的關係

一被迫得待在婆婆家。她想提升自己和寶寶的居住品質，於是在房間裡裝了一部冷氣機。由於她支付所有的帳單費用，因此其他的家庭成員，特別是她的嫂嫂和弟妹們並沒有對家裡的這個特殊情況說任何的閒話。在這個例子裡，B新娘有錢支付她待在娘家的生活費。婆婆當然不會有意見，因為她的兒子也無法回來幫忙。事實上，婆婆以她的兒子為榮，因為兒子工作努力，每月準時匯錢回家，甚至在節慶的時節，比如華人新年，他也會買各式各樣的禮品送給家人。婆婆對兒子的偏愛也間接給了B新娘特別的待遇。

懷孕的新娘

懷孕的新娘不會公開宣布自己懷孕，往往會盡可能隱藏身形不讓他人看出，而且懷孕的消息絕不會在婚禮時宣布。外人要斷定新娘有無身孕並不容易，因為新娘的洋裝和禮服可以幫忙遮掩她腫大的身軀，特別是在懷孕晚期的狀態時。

探問新娘本人或其家人新娘是否已經懷孕，這樣的行為不宜也無

禮，因此，人們只能私下臆測。有些特定的跡象能用來推測新娘是否懷孕，通常如果婚禮在很短時間內倉促舉辦，大家就會貿然下定論認為新娘肯定懷孕了。婚前懷孕現在已經很普遍，但是在過去這是絕對禁止的。

懷孕新娘在婚禮當天要承擔自己成為八卦主角的後果，為了對新娘父母和親戚表示尊敬，八卦會以安靜的方式呈現。有些八卦內容會是類似：「新娘禮服的顏色太豔了，不適合她。或許好看的不合她的身材吧，你看，她的肚子太凸了。」還有：「她的肚子裡有一條『蟲』！」賓客在八卦流言中會使用間接的字眼，但是這些都是他們對新娘懷孕的猜測，絕不會有人提到「懷孕」一詞。

懷孕的新娘對此家庭來說也可視為雙喜臨門。女兒結婚了，而且家裡很快就會幸運地再有一位新成員加入。當一個女人懷孕時，客家人會說「有身」，意思是「有另一個身體」。上面對話中所提到的「蟲」是指胎兒。在新娘懷孕初期，家庭成員絕對不能提及孕事。根據一名婆婆所說：「胎兒在懷孕初期變數很多，所以除了直系親屬，懷孕之事不該向任何人提及，否則胎兒會飛走。」有時胎兒會被稱為「胎神」，意思是「胎兒的靈魂」。當胎神生氣或被激怒時，就像沒能處在平靜的狀態，因而離開母親的身體造成流產。

大富村社群不容許婚前性行為，交往中的男女禁止發生性關係，社會上的懲罰很嚴屬。假如鄰居注意到某家女兒晚上很晚回家，就會開始說長道短，因此父母總是會監視自己的女兒，特別是在她們進入青春期、開始交男朋友時，若是女兒太晚回家，母親會毫不猶豫地責罵，因為她深怕鄰居認為她是個糟糕的母親，沒有管教好女兒。在外地工作的女兒則是脫離父母的掌控，父母不能接受女兒未婚懷孕，但是也不喜歡女兒在身孕不明顯時結婚，他們寧願視這種情況為雙喜臨門。

結婚時懷孕也可以用一種正面的態度看待。我有一次聽到一位媽媽回應懷孕新娘的話題，她說：「這樣很好啊！至少我們知道我們沒

有傷害到別人。」我對她的說法感到困惑，無法解讀她想要傳達的真正意思。最後我發現她自己也曾是個懷孕新娘，因此才會說「我們」。她說「沒有傷害到別人」，是在暗示新娘能夠受孕必定會懷上一個孩子，可能是男孩，這是家庭高度的期盼，最糟的情況是新娘無法懷孕，這或許會造成家庭混亂並影響家庭和諧。當未能繁衍男性子嗣時，家族命脈將會「受傷」，表示家族命脈發展未全即結束。有些公婆會採取極端的方式對媳婦施壓使她離開，如此兒子就可再娶，增加家族復活的機會。因此，雖然一開始懷孕新娘給我們不好的印象，事實上對這個家庭來說卻是因禍得福。至少，比起不孕的媳婦，她帶給家族更多的希望。

婚姻穩定度與離婚

大富村孕育出的婚姻可被視為與其低離婚率一樣穩定。然而，我必須強調家人間或甚至夫妻間相處融洽與否不能也以同樣的穩定來說明，例如他們每日的團體生活和與姻親的關係。然而，若使用離婚案例作為婚姻穩定度的數量評定，在過去五年中只有一件，如前所述，此例的狀況是一名女性因無法替家族懷孕生子而離婚，不過她最後再婚懷孕，證明了她的生育能力正常，當初離婚的原因並非她的問題。這是個罕見的案例，家族命脈延續的義務導致了離婚的結果。在2000年進行的全國人口普查中，大富村的763名女性居民裡只有一件離婚案件，占0.1%非常低的比例，因此可以忽略不計。

在此研究過程中，我沒有記錄或聽說過男性外遇的例子。在這樣小的社群中，地方消息傳得很快。也許我沒有記錄到一些個案，但是相對來看，大富村幾乎沒有外遇相關的消息。這可能跟村裡幸福的本質有關。這裡的人世世代代是窮農夫，比較年長的世代沒有多餘的錢可以尋歡作樂，因為他們必須提供家庭生活所需，幾乎常常是不夠的。我們大概可以將他們視為互相忠實且不離不棄，甚至到今天都是如此。

大部分較年輕一輩的大富村男性都外移到其他州或國家工作，只有在打拚了幾年之後或在宗教或文化節日非得回家時，才會義務性回來一趟。外遇的情況是可以想像的，但是我沒有從妻子那裡記錄到任何懷疑先生忠誠度的事件。她們的先生每月匯錢回家支付生活費，這些錢也會託付給妻子積存以備未來之需。雖然男人在外地工作，但總是準時寄錢回家，對妻小照顧周全，這使得女性不會懷疑在國外工作的先生，反而同情先生辛苦賺錢，為家犧牲。這是一種互惠的因素，維繫著夫妻間的關係和婚姻，男性到國外工作養家，而女性在家照料孩子和家人。

至於離開大富村到國外工作的夫妻，仍常與村落的老家保持聯繫。這些在國外工作的夫婦會在重大節日或儀式時履行回家的義務，例如在華人新年和清明節時。他們的根仍然留在村落，但選擇到外地謀生（如同在B新娘的案例中所提）。從我的觀察及與B新娘母親的談話中，我可以斷言此家庭的聯繫維持完整，沒有任何行為不端或婚姻瀕臨破裂的跡象。然而，在此提供長期旅居國外的夫妻生活的評價並不具說服力，因為此問題已超出我預計的研究範疇。這樣的問題需要到這些國家進行合適的研究。本研究的範圍也沒有包括異國婚姻生活（例如新郎來自新加坡）的部分，與此議題相關的研究未來可以再做探討，用以判斷他們和我這裡的研究對象之間是否有同異處。

前面的章節已探討了婚禮準備工作、婚姻儀式及婚後生活。我將在下一章說明在議婚過程中，作為中間人角色的媒人。

第七章　半男半女媒人

華人婚姻與傳統中的作媒

　　儘管大富村隨著時代變遷，現代化和傳統主義在這裡的客家社群婚禮中似乎是同時並存。根據傳統但風格創新的方式舉辦的婚禮有一種懷舊感，大富村的客家人仍然堅持維護傳統婚姻儀式的核心。作媒的存在使得商討聘金和婚事的本質更生動有趣。

　　媒人參與婚姻存在許久，卻已不再被認定是傳統。在普遍是自由戀愛的現在，現代性的呈現形式是調整和改變過後的傳統婚姻習俗，理想上，一椿傳統華人婚姻會融合所有已消失的禁忌和循規蹈矩的做事方式，現在的婚姻允許新人或父母加入新的做法，這可稱為現代人的婚禮方式。

　　作媒的歷史可追溯到華人社會奉父母之命成婚的本質。此種形式的婚姻安排下，新人在婚禮前數日才有機會初次見面，父母和媒人早已安排好大部分的婚事。現今，男方父母會請媒人到女方家提親，他們透過媒人商討婚事，倘使結果不利，例如女方不喜歡男方，或雙方在聘金上沒有共識，這種中間人方式可維持面子與尊嚴。像在大富村這樣的小村落，尊嚴是相對重要的，因為住在同村，幾乎天天碰面。就此意義而言，現代觀念中媒人的工作傾向婚事的商議。

　　如上說明，從婚禮開始到結束，媒人承擔了多重角色與責任。作媒的工作一般被視為女性領域，從一家到另一家，來回傳達對方的要求或願望，這相當需要耐心、努力以及能言善道。不像男人，大富村的女性有很多時間可以擔任這樣的角色，因為她們沒有真正或全職的工作。溝通和說服的藝術，亦即作媒必備的說話藝術，被視為非男性化（non-masculine）的工作，因此並不適合男性。就社會地位而言，媒人的位階不高，因為他／她是根據指示行事，作為男女雙方的中間

傳話人。

Martinez（1998: 7）寫到，在日本，男女之間的領域是清楚劃分的。大體上，女性屬於家庭的內部和私領域，而男性屬於外部和公領域。女性領域保持一種矛盾現象，因為她的角色是一個內部人物，但在父系社會中，她卻是家庭的外來者[55]。大富村的婚姻儀式被認為是雙方的家庭事件。大致而言，雙方家庭的女性成員深入參與，扮演積極角色。她們大部分都是嫁進門的媳婦，換言之，是丈夫宗族的外來者。她們透過婚姻「加入」了這個家庭，也在祭祖時擔任適宜的角色，因此，整個婚姻過程被假定為女性的專長。

大富村的媒人

大富村人仍然遵循著作媒的習俗。村落裡有兩位有名的媒人，他們諳習婚姻相關事宜。其中一位為較年長的女性，85歲左右，另一媒人是位65歲的男性。這位女性媒人年老體衰，因此不再積極參與作媒工作，大富村的媒人工作已被另一位男性媒人所接管，他恰巧是參與此行業的唯一一名男性。

黃先生個人簡歷

黃先生是上述那位65歲的媒人。他在距離大富村約24公里處（35哩）的一所華語學校上小學，之後到古晉的一所華語寄宿學校接受中等教育。不過，他在兩年之後輟學，因橡膠價格急劇下滑導致他家裡的事業破產。

黃先生住在大富村三十八年，搬到大富村之前，他和祖父母、父母和兄弟姊妹住在24哩的農舍，當時他家有一片橡膠園。兄弟在父親過世時分地產，黃先生身為長子，得到最大塊的地，這引發了兄弟之

---

55 女性的家庭地位請參見第四章。

間的口角爭執，促使黃先生搬出家自立門戶。當時他已婚，育有兩個孩子。因為家裡沒有壯丁可以幫忙照顧橡膠園，自己也年歲已高無法在園裡工作，於是他決定賣掉橡膠園，並用售得的錢以馬幣10,000元[56] 向一對正要搬去與親戚住的年邁夫婦買下他目前住的房子。

黃先生育有兩男七女，最小的兩個是兒子，事實上，他的第一個兒子是領養的。在連生七女後，他求助於一名算命師，想找出無法得子的原因。算命師告訴他，除非領養一名男孩，否則他不會有任何兒子。於是他領養[57]了一名男嬰。領養後一年，妻子生下了一個兒子，他相信這是命中注定的，收養兒子終究會保佑他有自己親生的兒子。

乩童的生活

黃先生在經歷一次危及生命的事件之後成為一名乩童。他20多歲時長期臥病在床，妻子請來一名印尼乩童檢查他的狀況。乩童說黃先生被附身，附身者為神明非邪靈，他注定要過艱苦的生活，因為他必須藉由成為乩童來濟世助人。一週後，他奇蹟似的恢復了。Wolf（1992: 107）也描述到，命中注定成為薩滿（shaman）的人，原本的生命早有定數：他們的生命皆短暫無害且微不足道，但是附身的神明最後都會延長他們的生命，以便好好運用他們的軀體。這件事之後，黃先生去西連找一名印尼乩童拜師學藝。自此之後，他成了一位內行有名氣的乩童。他覺得他已經回應神的使命，成為乩童是天注定。

他自稱是出名的乩童，這符合其他年長的大富村民的描述。他們說黃先生功力高超，能應要求召請神明。他家裡會擠滿想要請求神明幫各種忙的村民，根據人們的說法，黃先生請來附身的是神明而非惡靈。

作為乩童，他可以進入一種精神恍惚的狀態，或當地稱的「落

---

56 1969年馬幣10,000元相當於2007年馬幣40,456元。

57 過去的年代並沒有領養孩子的方案，很多無子嗣的夫婦付錢領養孩子，與買小孩類似。

童」。根據他個人說法，他曾幫忙「邀請」神明「入住」位在晉連公路沿途35哩處的一間寺廟，這只是他處理過的主要事件之一。事實上，他請過多位神明入住新建寺廟或暫時入住在工地或伐木場設置的臨時神壇，為了與靈界溝通，他必須透過某些儀式進入精神催眠的狀態，只有乩童才有能力可以進入這樣的狀態。

大富村的落童

Wolf（1992）寫到，華人靈媒通常被稱為「童乩」，是福建方言的用詞。De Groot（1982）提到，華人也會使用「神童」，意思是「屬於神的孩童」。然而，大富村沒有稱呼靈媒的專有名詞，當地社群使用「落童」這個詞，事實上，「落童」是動詞不是名詞，村民描述靈媒時會說「會『落童』的人」，意思是這樣的一個人能進入一種被附身的狀態，無論神鬼。「童」字基本上意思是「孩童」，但在這個脈絡下是指替神明執行任務者。有時一個人可以代表幾位不同的神明，若是如此，這些神明可前來附身，傳達訊息給信眾。

村裡有人發生被鬼魂附身，需要乩童協助驅退的案例。當乩童在進行「落童」與鬼溝通時會先與鬼融合。按照黃先生的描述，與鬼溝通時，他不會對鬼施法，反而會找出其附身之目的，然後他會進行談判安撫雙方：鬼魂和被附身的一方。依黃先生所說，鬼魂並非總想害人，有時人們也可能打擾鬼魂激怒它們。因此若其中一方同意退讓，事情會較圓滿解決。

乩童通常會引來喜好其服務之神明。當乩童成了某特定神明的代言人時，此人可能會住進神明所在的寺廟，或者也可以在自家起神壇安奉神明。大富村內有四座乩童神壇，這些神壇所在的房子不稱為寺廟，因為乩童和家人居住於此。乩童過著正常人的生活，只有在必要時擔負起「落童」的任務，這也許是乩童沒有一個合適的名稱的原因。沒有參與乩童事務時，他們就像大部分大富村民一樣，過著一般的生活，不會在寺廟或家裡等待人們前來求神問卜。乩童並非他們唯

一的角色。我有次到村裡時順道拜訪了一名乩童，他當時不在家，他的家人告訴我若我們有事求神，就請我們等一下再回來，因為此名乩童去農場工作了。上述例子中，黃先生從未把乩童當成正職。黃先生繼承過世父親的農場，在農場工作。大約三十年前在他事業巔峰的時期，當時胡椒收成好，他很積極參與農務和乩童工作。如今，經濟作物沒了，他和太太經營一個小農場種植蔬菜。

Wolf（1992: 107）提出了一個人類學家常使用的理論：靈媒情緒上是有缺陷的（disabled）、有精神病的（psychotic）或是有癲癇病的（epileptic）。Kleinman（1980: 214）卻提出理由反駁，因為這群人實際上必須具備個人專長和敏感觀察的複雜行為。我在大富村的調查結果也與Kleinman的看法一致，因為四位法師都很正常，身心健康。再者，他們皆已婚生子，各自擁有家庭。在一個正常的村落環境裡，他們和其他人並沒有差別，未從事乩童事務之時，他們生活正常。

在大富村四名為人所知的乩童，包括黃先生在內，其中兩名是女性。根據黃先生的說法，其他幾名乩童非神明召喚，必須完全靠修習乩童必備知識，他也認為自己服侍的神明是位階較高的男尊，不像另外三位服侍的是地位較低的女性神明觀音娘娘（觀世音菩薩）。據Wolf（1992: 111）所說，一般人認為「童乩」對女性來說並不恰當。這可能解釋了大富村的女性乩童只服侍觀音娘娘，而非其他的神明之因。

另有一個對靈媒的普遍看法。如Wolf（1992: 107）所指出，「童乩」通常來自一個樸實的社經背景，最好是目不識丁、真誠正直，並有明顯的跡象顯示出神明挑選他為代言人。至於黃先生，他個人認為自己的地位高於大富村其他三名乩童。早先幾次與他會面時，村民告知我他會是回答我婚姻儀式相關問題的最佳人選。他分析到，其他乩童並不識字，無法讀「通書」，這是一本關於婚姻儀式的重要文獻。當有關乎婚姻事務時，村民會求助大富村的乩童，比如當家人需要確定新人雙方是否合適，以及要詢問婚姻和相關儀式的良辰吉日時。

一般而言，乩童不收取費用（Wolf 1992: 107），但是會收禮。在大富村，如同黃先生的案例，每項服務他都會收取一個紅包，不限金額。一般來說紅包金額會視任務或工作量或所花時間而定。他其中一項服務是要「落童」邀請大伯公以便寫一張符給他的客戶，這會收到馬幣360元的紅包。其他的節慶活動，像是中元普渡，他以乩童的身分主持儀式時，會收到馬幣66元。活動期間，他的工作是邀請祭祀於寺廟及墓地的大伯公以祈保佑參與普渡的村民平安，防止孤魂野鬼危害人間。

作媒的角色

起初，黃先生乩童做得有聲有色，有些村民因此羨慕他的成功，開始透過修行習得做乩童的必備知識。依照黃先生本人的說法，這是強迫學習，他們不具天生當乩童的能力。儘管如此，乩童的「生意」在村落漸漸興隆，而他不好競爭遂洗手不做。然而，他退出的時間很短暫，因為很多村民依舊找他服務，他們力勸黃先生重出江湖。由於他也熟知婚禮儀式，許多人請他作媒，再加上他在村裡人面廣，是個名氣響亮的人物，於是他開始作媒的工作。一個新的媒人就此誕生。

黃先生已經在媒人行業做了超過三十年頭，據說已湊合超過40對新人。媒人工作並不容易，因為他必須大費周章才能找到能滿足客戶要求的人選。他用一種非常獨到的方式解釋：「假如媒人這麼好當，那人人都是媒人了！」有一次，他替一對新人作媒，後來他們的婚姻觸礁，大富村民就怪罪他沒有替雙方找到合適的對象。因此他總是小心翼翼幫客戶選擇合適的另一半。當一個家庭（通常是母親）有需要來找他時，他做的第一件事是約定時間與客戶的家人見面。例如若是一位母親請黃先生幫兒子找結婚對象，他會先拜訪這位兒子和他的家庭，對合適他的對象先有個概念。大致上的想法是要匹配雙方的人品和外表，比如身高和膚色，以確保他們能像一雙涼鞋一樣是最佳配對！也就是要門當戶對。雖然有些父母對女兒的未來對象並不挑剔，

但是選定的人也必須與女兒相配。按情況，超過適婚年齡（30歲）的女性，合適對象很可能是鰥夫或離婚男性。當黃先生擔負起媒人的責任時，他坦言自己向來謹慎對待這份工作，不只是為了客戶包的紅包禮物。

女性領域中的男性

在大富村，黃先生廣為人知是位「半公嬤」，意思是「半男半女」。這通常不是稱呼一個人的好名稱，但他一點也不介意。女性村民總是會用這個名字揶揄他，不過他通常會說他很像她們的姊妹。事實上，他婚姻美滿，有八個小孩。黃先生參與婚姻儀式，其中包括主要由女性負責的瑣碎準備工作，因而得此「半公嬤」稱號。人們普遍認為婚姻是女人的事，男人通常不會過問。當一個兒子要結婚，他的母親會積極安排婚事，確保所有工作順利進行。除非被要求參與，父親和兒子（新郎）不會干涉太多。因為黃先生在婚姻方面的知識和能力是專家，所以村民經常會在相關的討論中詢問他的意見。

女性在婚姻中扮演重要角色，婚姻是女性的命運，本身會有一股動力讓她順利由一個事件連接到下一個，從開始走到終點。但是在大富村，很多關於婚姻的事都會徵詢黃先生的意見，因為他從作媒到祭祖參與過每個婚姻儀式，對這些事擁有豐富的知識和能力。他就像連接男方和女方兩個領域的橋梁，也不會介意這種有貶意的綽號，反而會利用它帶來的優勢，對他來說，性別模糊反而有好處。從黃先生的例子可以看到大富村對性別分工的開放性，和他們願意接受性別角色錯置的狀況，畢竟，女性也可以參與男人為主的農事。

然而，黃先生覺得作媒有時很繁雜，依他所說，最易產生問題的地方就是談聘金。他提到村裡的一個例子，男方家人怪媒人沒有談攏聘金金額，女方父母要求過高的聘金，而男方終究還是得照付。

由於乩童和媒人的雙重角色，黃先生對婚姻事務、重大吉日等瞭若指掌，而且在婚禮期間的祭祖儀式亦可充當中間人。他的「八字」

學問廣博，精讀「通書」。由於這些特質，他成了一位成功的媒人，深受大富人愛戴。雇用黃先生意味著可以省很多事，比如不需要再另找他人處理其他工作，他在村裡可說是位多功能的媒人。常常在需要緊急處理時，媒人兼乩童的他也成了村民的諮詢顧問。以下是他幫忙解決處理的一些緊急狀況。

緊急案例一：

這個例子之前在135-136頁描述過。一個家庭正準備兒子幾天後要舉行的婚禮，不幸的是，新娘的祖父突然辭世。新郎的父母起初茫然不知所措，之後急忙請教黃先生。在討論後，婚禮照常舉行。這是因為他們認為新娘身為女兒，在祖父葬禮中的角色並不重要。他們縮小婚禮規模，對喪失親人的親家表示敬意。他們略過很多儀式，穿著顏色樸素的衣服。一般習慣會在喜事場合上穿著紅色和其他顏色鮮豔的衣物。通常在婚禮期間都會燃放鞭炮，那場婚禮則沒有。所有方式都按照媒人的建議進行。

緊急案例二：

同樣的，這個案例也在132頁描述過。在婚禮儀式期間，一位負責點「火爐」的女性親戚差點因為沒有護身符[58]而拒絕這個任務。戴護身符是一種驅邪避「新娘煞」的方式，應該在婚禮前到寺廟拿護身符的人忘了去拿，而婚禮必須繼續，因為新娘已在往新郎家的路上，於是大家又向黃先生求助，他當場用一支點燃的香在一張紙錢上畫符。真正的符應該使用寺廟的一種特殊墨水寫成，但事出緊急，這位女性親戚戴上這個臨時護身符後，儀式才得以繼續，婚禮也才能順利進行。

可惜的是，黃先生參與女性活動和角色（例如作媒）可能導致他失去在大富村乩童的優勢地位。大富村有人已趁機學習到乩童技巧，搶走黃先生的光彩。當與靈魂（比如神明）打交道時，只有被選定的

---

58 此事件於第五章提及，有關婚姻儀式。

人才有能力「落童」。「落童」本身被視為一種接觸神明的活動，是一種男性化且神聖的任務。另一方面，婚姻則是比較世俗之事，處理越多的婚姻事務，黃先生作為乩童的地位也就變得越不緊要。大富村其他乩童把握機會，接下了大部分當地人向乩童求之事。「半公嬤」這個稱號也是因為他偏離男性化的乩童工作，轉而從事多半由女性主導的婚姻事務所得。

大富村的神祇

這裡的探討以目前所知也參與婚儀的四名大富村乩童為基礎。除黃先生外，其餘三名都服侍一位女性神明，觀世音菩薩。三名乩童家中都有神壇供奉觀音娘娘神像供人膜拜。黃先生剛開始當乩童服侍的是一位被認為是馬來種族的男性神明拿督公（Datuk Kong）。經過一段時間後，他必須放棄，因為拿督公行為怪異，力量變得「強大」到他無法控制。於是他到古晉尋求觀音娘娘的幫助，觀音娘娘赦免其惡行並幫忙引見「山母娘娘」。而他現在再回去服侍一位男性神明，大伯公。

我想在這裡解釋一下，當一位乩童服侍某位特定的神祇時，他允許神明在其精神恍惚期間擁有其身軀。DeBernandi（1993: 148）提到，乩童會呈現出來附身的神明之位階。神明的地位從「高」到「低」，視神明的相對純淨度（purity）或不純淨度（impurity）而定。鹿邦大伯公寺廟的神明被認為地位崇高。黃先生為寺廟的住持，負責寺廟的維修保養。他保管青銅神像的鐵架鑰匙，之前這些神像曾遭竊，所以用鐵架保護以防小偷。

身為寺廟住持，他在拜拜、唸經文和起駕（神明附身）時，與大伯公溝通，他很虔誠地跟神明說話，稱祂為他的神且視自己為服侍者。他是大富村唯一有能力「請」神上身，或是能與神明「溝通」祈求保佑之人，這方面天生的能力使他贏得尊敬和聲望。大伯公生日在

農曆2月2日，只有黃先生能請到住在天上的神明下凡塵進到位階較低的人類軀體。大富村民所祭拜的大伯公廟已有一百五十年的歷史。2010年是大伯公廟一百五十週年慶，村民相當期待隆重的慶祝活動。

大伯公廟的其他神明

通往大伯公廟的階梯上有個小神龕，裡面供奉著大富村人稱拿督公（*Datuk Kong*）的神明。*Datuk Kong* 這個詞本身來自於另一種語言，非常有趣。字面上，這兩個字有著類似的意思，*Datuk* 是馬來話的「公」，在福建話意思是「阿公」。「公」這裡實際上是對地位高者的尊稱。有人告訴我掌管寺廟的乩童黃先生在拿督公附身時的恍惚期間會斷斷續續說話來傳達神明的旨意。在場村民目睹他坐在神像邊起駕，突然抓著自己的額頭，說出 *"Mui nyit khòn tàu chu nyuk"*（每日看到豬肉）。馬來人禁吃豬肉。那就是乩童在那次短暫的神明附身時所說的話，但他本人不記得他說過的任何一個字。根據乩童的經驗及他所說的話，大富村人相信這位來附身之神事實上是當地（馬來）的神明。

黃先生曾有大伯公和拿督公來附身。男性神明地位比女性神明高階，因為黃先生服侍男性神明，所以在大富村的乩童之間，他的地位較高貴。

著名的人物

大富村住有幾位帶領並影響當地社群的重要人物。根據歷史，初到此地的人大多過著簡樸的生活。隨著時移事往，有些人功成名就，達到村裡社會階層最頂端，成為村裡的重要人物。我在此略述四位大富村的要人：社群領袖、也被稱為甲必丹，媒人，燕窩商人，以及甲必丹之妻和燕窩商人之妻。他們對婚姻儀式此一研究主題，以及社群中的社會凝聚性有相當大的影響。媒人黃先生的生活在前一部分已做

說明。

甲必丹

　　溫先生是大富村的甲必丹，是政府指派的職位。在大富村，溫先生喜歡人們稱他為「甲必丹溫」以表示對他職位的尊敬。甲必丹的工作基本上是監督村落每天發生之事，肩負村民的福祉。砂拉越政府通告第165/EO/2604號信函上的正式任命為「族長」（*Ketua Kaum*），但是甲必丹一詞已廣泛使用，成了正式認可的名稱。

　　如同正式任命通函所述，他的責任是：鼓勵轄區人民參與政府活動或計畫，解決家庭紛爭，促進轄區與政府更緊密的連結，時而需要執行政府命令。這些職責偏向社會方面，可能是前任甲必丹以原本的方式傳下來的。過去，有不斷來自共產黨活動的威脅，所有領袖的作用之一就是要對抗這些威脅，時至今日，來自共產黨的威脅已經減少。

　　要符合當族長或甲必丹的資格，此人必須超過30歲，當地居民及馬來西亞的公民。甲必丹是政府指派的職位，但是其中有一個限制是不得參與政治。甲必丹溫的薪水微薄，一年馬幣幾百元。這些年來規矩已經放寬，我也觀察到甲必丹積極參與政治工作。既然共產黨的威脅和種族政治已經減弱，可能如此嚴格的規定就跟著消失，另外，對甲必丹在商業活動的參與並沒有限制。

　　甲必丹溫與兄弟聯合經營一座蛋雞農場，土地是向一名比達友遠房親戚承租。甲必丹溫稱比達友人為 'seu la la' [59]，這個用詞很有趣，字面意思是「遠房親戚」。儘管在另一人種或族群找到姻親親屬並不意外，然而 'seu la la' 這個詞似乎已當地化。事實上，這個用詞在客家方言中並不正確，在任何客家詞彙表（參看Hashimoto, 1972）或字典裡都查不到。對大富村和附近地區像是古晉的當地人來說，'seu la la'

---

[59] 'seu la la' 是一個被當地化的用詞，只在砂拉越使用，也沒有相對應的中文字。

是用來描述遠房親戚。對其他人來說，這個詞並沒有什麼意義。當我跟一名來自西馬來西亞的客家人提到這個詞時，他沒聽懂，說他從來沒聽過。我無法找到 'seu' 的解釋，但是 'la la' 這個詞或許是用來指稱達雅族或當地原住民社群，客家人稱他們為 'la tsú'（垃子）。客家人和達雅族或原住民之間一定是有其他已建立的親屬關係和聯繫，因此創造出 'seu la la' 一詞。

甲必丹溫的蛋雞場位於高速公路另一邊，在大富村落對面。甲必丹溫每天早上也會到雞場幫忙家裡的事業，雞場不是他的主要商業活動，他也從事墓園業務，每成功賣出一塊墓地，就可賺得一份佣金。一塊墓地大約馬幣20,000元[60]，若是風水好的地點，酬佣甚至會更高。由於他和妻子積極投入這項業務，他們週間多半得去古晉參加公司會議或帶潛在客戶去看墓地，所以不在大富村。客戶過世時，他們也要負責確保葬禮程序順利進行。換句話說，他們成了殯葬業者和死者家屬的中間人。

大富村的年長村民並不贊同甲必丹從事喪葬生意，基於各種原因，他們認為甲必丹參與這樣的活動並不恰當。再者，這項業務占了他很多時間，他幾乎沒有時間為村民服務。有些人甚至認為他不應該做這樣的生意，如一名村民所言：「身為甲必丹，他不應該參與『白』事。我告訴他很多次，他做『白』事不好，但是他不聽。」「白」事這裡指的是有關死亡之事，「這個家正在辦白事」的說法，用來指稱家人過世。反之，歡樂的場合，比如婚姻，則會稱為「紅」事。根據年長者所說，他們覺得賺死人的錢是不好的，而且會招致壞運。他們又說，人們對於棺材或其他喪葬所需的用品之類的東西幾乎不會討價還價，而這樣本質的生意被認為是很好賺的。雖然甲必丹有忙碌的行程以及大富村外的工作，不過大致上他在村落仍是位值得尊敬的人物。有時候，他在社會活動上的服務和參與的重要性超過另一

---

60 一位古晉的朋友告訴我她的親戚之前完成多筆交易，每筆可得一成的佣金。

位重要人物——媒人。總之，他仍是擔負起村裡正式活動的主要角色。

燕窩商人

大富村有一位姓李的成功燕窩加工商兼企業家。李先生的工廠有超過50名工人，大部分是附近村落的比達友女性，也有些是大富村的華人女性，她們在家裡兼差。雖然公共場所幾乎看不見他，但是他是公眾儀式和慶典（例如大伯公遊行和中元普渡）的主要贊助者之一。李先生在大富村的家成了一間迷你工廠，他的家人住在古晉，太太為潮州人，她也成了大富村的一位著名人物，不只因為身為成功商人之妻，她本身也是成功的女商人。雖然李太太是潮州人，但說著一口毫無瑕疵的客家話，經由婚姻，她成了一名客家人。大富村以及周遭地區的女性社群非常欽佩她經濟上的成就，把她視為女性模範人物。

社群中之女性領導者

大富村有兩位著名的女性人物，其一是燕窩商人的妻子，另一位則是甲必丹的妻子。甲必丹的妻子楊女士，有機會利用她先生作為大富村甲必丹的權力。當村落與政府有活動往來時，甲必丹會是第一個知道政府活動安排的人，他也會將村民的意見和要求傳達給政府，成了大富村和政府的中間人；換句話說，他是大富村的政治管道。他的妻子有特權可得知第一手消息，因此她開始干涉先生的公務，在很多公事上插手。傳統上，女性不應該從事被視為保留給男性的活動，對喜歡她或對她反感的團體來說，甲必丹的太太已經成了一名公眾人物。

甲必丹從事其他形式的商業活動，比如賣墓地，這被認為並不恰當，因為他們常常處理大眾事務，村民擔心「白」事會污染他們。不論如何，甲必丹的妻子在大富村仍是個活躍且知名的公眾人物。

重要人物的影響

　　大富村是個封閉的小社群，人們很容易受到某些事件或是人物的影響。在重大節慶或慶祝活動時，就算沒有出勞力或財力協助活動，村民也會齊聚參加觀看這些活動。

　　像甲必丹這種政府正式任命之公眾人物，其重任是要幫助人民，作為人民與政府之間的橋梁。甲必丹的妻子是他身旁的一位強勢的女性人物，經常陪伴他出席不同的活動或是聚會。甲必丹的妻子並非帶有官職的官方認可人物，但在大富村是一位深具影響力的公眾人物。她被視為她先生的親密助手，甚至成為官方事務的非官方資源。在村裡，她可能被視為最高階層的女性政治人物。

　　身為一位成功的商人，李先生被視為大富村的經濟基石。雖然不常出現在公開場合，但他很支持村裡的活動並提供所需資金。比起他的事業為村裡創造出的就業機會，這些贊助只不過是九牛一毛而已。李先生雇用大量的女工包括在家兼差的家庭主婦，他的燕窩生意被視為女性經濟機會的推動力。即使她們大部分是兼差，但是這給了她們從事有薪工作的機會，更重要的是她們可以自由地選擇人生，就好像到外面工作而不是只局限在家裡操持家務。李太太每天忙著招呼生意，大富村民不自覺地視她為一位商場女強人。擁有超過50名女性勞動人口，她以一位傑出女性的身分來影響這些女性勞工。這也刺激女性社群，使她們朝向更高層次的生活目標邁進。我相信李太太是女性值得效法的好榜樣，她證明了女性的能力其實不輸給男性。她也有小孩，和多數家庭主婦差不多，她與其他大富村女性的差別在於她在經濟上相當出色的成就。

　　黃先生的法力與影響力在大富村無人能及。他是一名乩童，也是個見多識廣、多功能型的媒人，黃先生提供社群的服務包羅萬象，很多是其他人做不來的。他是看管歷史悠久且備受尊崇的神明大伯公之專人，他主持過無數次的婚禮和儀式，他也是大富村宗教界的靈魂人物。不過，因為他從事了通常由女性負責的婚姻事務領域，因而得到

「半男半女」的古怪稱呼。與甲必丹和燕窩商人的妻子不同，黃先生的妻子不曾出現在公開場合。事實上，黃先生可能已經接替女性的角色，特別是因為他在作媒和婚事方面的參與，這可能帶走了原本大眾停留在他太太身上的目光。這位媒人本身被視為成功的「半公嬤」典型。

結論

　　有關客家女性的文獻資料和研究報告非常有限。客家社群本身的研究很少見，更不用說特定的客家女性研究。砂拉越華人社群的研究主要是在歷史方面、遷徙及定居，因此，研究華人身分認同相關的參考書目，是以在其他國家進行的研究為基礎。

　　我對砂拉越客家女性的民族誌研究興趣濃厚，純粹是因為受過人類學的訓練。我之前的著作探討的是儀式及宗教，我也發現大富村的客家社群是我所重視關心的議題，然而，作為學者，我奉行一套嚴謹的道德標準，確保我的問卷題目恰當，且受訪者能確切表達，我相信我已經避開和研究無關的主題。由於當前仍然沒有人進行這樣的民族誌研究，所以任何我的大富村的研究對象所提供的資訊都將會很有用也很有趣。

　　這是砂拉越大富村客家社群新村的研究，研究焦點主要是客家女性，關於她們在婚姻儀式的參與，以及她們在家庭和社群中的地位。此研究背後的主要動機是客家女性的資料相當匱乏，而且此研究特別為有關女性多年來是否一直維持不變，或是她們也經歷了一些改變提供答案。由於教育水平和就業機會增加，因此我假定女性主要的生活層面，即婚姻，也會跟著改變。在華人社會中，婚姻是女性最重要的一件人生大事，而且婚禮習俗迄今依舊。

　　研究期間的田野調查不是一件簡單的事，事實上，它非常有挑戰性。我必須拜訪一個我從未到過的社群，並將我的存在融入村民的每日活動中，所以我必須在沒有干擾到他們的行為情況下進行觀察和訪談。我進行的研究會擾亂他們的生活，因此必須小心不觸及敏感議題，但同時也要盡可能蒐集資訊。我研究的核心是探討客家女性的生活和婚姻，當我向受訪者蒐集資料時，我必須先與她們建立交情，才能讓她們漸漸接受我的存在，否則，我可能會被認為是侵犯她們的私

人生活。最後，她們的態度變得比較開放也不再介意我的出現，也因此與我分享更多的意見並透露更多的資訊。

歷史上客家人是一個不斷遷徙的族群，他們從中國移居到世界各地。最早一批抵達砂拉越的華人，是在十八世紀金礦開採全盛期，他們來自印尼加里曼丹，這些華人自成群體組成公司，以管理他們採礦活動的各自區域。第二波起因是砂拉越引進農業經濟作物，促使第一批客家人抵達大富地區。據說他們加入並資助共產黨，因此被迫從原本的居住地遷移至另一處，有圍籬與警衛看守而且實施宵禁的地區，遷村事件被稱為「鐵鏈行動」。幾年之後，被迫搬遷的記憶依然存在腦海，年輕一輩常被提醒祖先所經歷的磨難。事實上，這段歷史塑造了大富村的身分認同，此社群多半是客家人，住在一個封閉區域中的緊密社群裡，自遷到新村以來，他們幾乎都是維持群居的狀態。

不單只有在客家性別中，在所有其他華人族群的女性中亦然，客家女性被公認為比較刻苦耐勞。砂拉越的客家女性在農業領域貢獻良多。作為唯一不纏足的少數民族，這反映出如何及為何需要客家女性在外工作，通常是農務工作。她們住在惡劣貧困的環境中，需要長時間在田裡苦幹，不像其他華人女性往往從商或操持家務。

現代華人女性開始外出就業，相較於過去，現在大富村有更多較年輕的女性從事有薪工作。大富村的社群屬於從夫居制，以男性的權威和決策權為主。在家庭體制中，客家女性擔任許多角色，負責照料家人福祉和家中一切事務，假如家裡有農場，農務工作也包括在內。大富村女性幾乎不參與社群事務，但是當涉及到農場工作或家庭勞務時，她們的角色是不受限的。然而，儘管女性的地位和角色在共有的脈絡（communal context）下被大肆暗中破壞，但是在家庭體制內的儀式過程中，即使生活在從夫居制的背景之下，她們的角色依然是無法被妥協的。

對一個女人來說，婚姻是人生向前邁進的重要一步，因為婚姻能讓女性得到較高的地位。在大富村，聽到年輕女性也參與的對話中，

直繞著婚姻話題打轉，其實並不讓人意外。女性經常會問到其他女性的婚姻狀況，這表示女性和婚姻息息相關，婚姻終究會將女性提到一個更高和更重要的地位，一旦結婚，她對自己家庭和丈夫家庭的事務會有更多的控制和權威。由於她們在婚姻中的地位，她們在婚姻儀式中扮演重要的角色，也有更多責任以確保其過程依照禮俗進行。

婚姻在華人家庭中是一件大事，對家庭來說，尤其是新娘，是一個歷史上的里程碑。婚姻本身充滿許多需遵循的儀式和義務。許多依循傳統的婚姻儀式仍然存在大富村。我相信有一個可以充分說明維持這些習俗的理由：因為婚姻本身是促使家族命脈延續的過程。延續家族命脈極其重要，特別是在父系社會中。女性在婚姻的主要作用可說是要替丈夫至少生一名男性子嗣，如此，丈夫的家姓才得以傳下去。

我發現很多大富村的新娘現在或曾經參與一些正式的工作，我將她們稱為「職業新娘」。不同於較年長一輩的地方是，她們通常是在大富村外的其他地方工作，透過寄錢回家提供家裡經濟上的資助作為回報。她們屬於家庭裡有較高地位、可以參與家庭決策的一群，也可以影響主要的決定，特別是針對自己的婚姻。

我發現較年輕一代的新娘，仍舊遵循著類似父母和祖先的傳統婚姻禮俗。她們現在依然遵循婚姻儀式中的六禮，只是沒有嚴格要求儀式舉行的時辰，且時程也縮短。根據較年長一輩的說明，過去需要數日才能完成的儀式，可能壓縮成短短幾天進行。電信科技的進步、交通運輸網的改善，縮短了人們旅途時間並使商議和決定變得快速容易，這些都是造成禮俗簡化的原因。在大部分過程中，大富村女性會特別確定儀式按照禮俗進行。在大富村有一個例外的男性媒人，他參與商議婚事及主持儀式的工作，事實上，這名媒人因為參與婚事而被視為「半男半女」的人物。

儘管很多婚姻儀式維持至今，但根據我的觀察和對過去的了解，我注意到現今大富村的婚姻儀式與過去最主要的差別是各種多樣的精美製品。這是為方便起見，因為現成的東西容易取得，而且這些物品

只具象徵功能。使用公雞母雞的模型就是個好例子，過去習俗是放一對活雞展示。舉辦有美食佳餚的大型宴客是以家庭的負擔能力為考量。大致上新娘聘禮習俗仍持續到現在，雖然金額或行聘項目已有所改變，大富村人仍然認為這是婚姻儀式中的重要部分。新娘收到的嫁妝會陳列出來，以顯示其最新取得的家庭地位和財富，我相信結婚的新人會盡量把婚禮辦得盛大，以炫耀他們的成功與能力。

從我的研究中，我也發現「職業新娘」在與自己相關的婚姻決策時刻有較多的發言權，對整個婚姻過程該如何進行也參與較多的相關討論，這是家庭中一個明顯的變化，因為女兒現在也是賺錢的人，對家庭經濟上的福祉有所貢獻。從她告知父母想結婚開始，一直到婚禮當天，「職業新娘」隨時知道婚事籌備的進度。透過經濟能力，她在家庭中有較高的地位，因此可以影響決策過程，尤其事關自己的婚姻。

婚姻的籌備通常在大富村內完成而新郎新娘不會出現，這是因為他們大多是在其他地方或國家工作。簡言之，他們不會出現在大富村，但是大部分的婚禮準備工作會在大富村進行。這是可能發生的，因為婚事準備是由雙方各自的家人做安排，雙方新人的母親是被分派要負責處理這些準備工作的人，她們往往樂意之至。我相信媒人的加入很合適，因為他熟知合乎古禮的婚姻儀式，可以協助母親。傳統上，華人家庭中的女兒是嫁出去的。這些婚姻往往是奉父母之命、媒妁之言。我也注意到大富村的媒人有另一個作用，我認為是為了顧全面子的一種方式。相較於直接面對情況，經由媒人傳達對方的拒絕比較不會影響到尊嚴。對小又封閉的大富村社群而言，這會是一個相當大的影響，因為這裡的人大多互相認識。

我發現，現代的婚姻，特別是「職業新娘」，並未顯示出我起初以為會有的全新改變。我剛開始以為在外地工作的女性與外面的世界有較多接觸，我也很期待她們會將更自由的婚姻想法帶回村落，但事實不然，因為女性的婚姻仍有嚴格遵循傳統的義務。女性的自由的想

法大多反映在婚禮活動進行的方式上。新娘的禮服、新科技的引進比如錄影和高品質的專業攝影，這些方面可能有許多改變，但是大致上傳統婚姻儀式的基本內容依然維持，這些儀式基本上在老一輩和新一代之間保持不變。有些婚禮在儀式上可能比以前精緻許多，因為現在市面上推出各色各樣的新穎物品，不過，舊式的習俗尚未被全盤遺棄或取代。

最重要的婚姻儀式之一是祭祖，新郎和新娘家中都會舉行祭祖儀式。在新娘家，女兒是嫁出去的，因此祭祖在屋外進行；在新郎家，新娘作為家庭新成員在此被迎接，因此儀式在屋內進行；但不管祭祖儀式在哪進行，雙方家人都會向祖先致上最高敬意。祖先雖然已經離開，但結婚的新人和其家人仍然深深敬重祖先，祈求祖先庇佑一個多子多孫的婚姻和家庭興旺的生活是很重要的，否則可能後果不堪設想，不僅會影響已婚的新人，也會影響其他家人。總之，活著的人需要祖先的庇佑。婚姻是進入人生另一階段的大事，它使得祖先傳下的命脈能夠延續。因此，祭祖本身對華人來說是一種延續的形式。沒有人會拋棄祭祖的義務，就如同前面所指出，村民會在重大節日（比如清明節）盡可能回家一趟祭拜祖先。經由舉行儀式和拜拜以延續香火，對華人來說是一種義務。

整體而言，儀式可認定為一種將某人或某社群納入一個特定社會環境中的工具或手段。婚姻儀式將一名新成員，也就是新娘，納入另一個家庭，同樣的，它也會重新提高其他家庭成員在家庭體制內的社會地位，母親將成為婆婆，會有更多成員加入她自己的子宮單位，也會有其他像是伯叔姑的輩分產生，而他們的角色也將改變。

大富村社群十分重視新娘轉讓，即新娘從原生家庭至新家和夫家人同住的過程。在所有的婚姻儀式中，婚禮當天新娘的轉讓是最具意義的。這一天，新娘擁有一股叫做「煞」的強大力量，會致使身邊不慎之人受到傷害。然而，當她在身兼儀式主持人和男方代表人的婆婆見證下，完成祭祖儀式，正式納入新家庭時，她擁有的煞就會減弱。

從年輕女人到嫁入新家的已婚女人這樣的社會轉變，是被待之以一種謹慎懷疑的態度。新娘生命中的這個階段是不屬於任何地方的，稱為中介階段（liminal phase），由於不明確的位置及其擁有的力量，她被認為是危險的，這個暫時的階段是當新娘離開原生家庭到她被新家接受之間的短暫時間，她的「煞」被認為比神明的力量更強大，我也相信「煞」的潛在後果之高度不確定性，使新娘在中介階段的力量如此強大及危險，因此人們會對她這般小心及懷疑。

唯有透過婚姻，女性才能取得較高的地位。一個女人仍為女兒和成了媳婦時，這兩種身分形成明顯的對比。嫁進門的媳婦最後成為夫家的父系成員，處在一個高的社會地位。一旦生了男孩，她甚至會得到更高的地位，這是家庭命脈延續的好徵兆。我相信這是為什麼婚姻成了女性生命中不可或缺的一件事。婚前她較低的身分是暫時的，然而，這個過渡期（我稱它為「新娘的轉讓」）充滿著許多可能的後果和不確定性，這是此階段總是被如此小心對待的原因。大致上，婚姻本身備受重視，而大富村女性也視之為重大事件。雖然大富村已經逐漸現代化，更多的年輕女性能到別的城市工作或接受更高的教育，但這不會改變她們對婚姻的看法。婚姻本身是女性生命中的一個分界點，唯有透過婚姻她才能得到身分和權力，這是婚前她無法經歷的一種情況，因為她們生活在父系社會中。

先前的研究和學者都不斷強調客家人刻苦耐勞，通常從事農業活動。這符合大富村的情況，他們在農場上建立社群，勤奮工作。雖然很多學者的研究中描寫出這樣的印象，但是我發現大富村人不是真的想要讓人聯想到這樣的身分。這不是這裡的人的身分認同最貼切的描述。除了維持婚姻儀式，大富村的客家女性覺得客家方言本身就是客家人的特徵，這是她們個人的看法。這種作為身分認同的語言自我知覺（self-perception）與強調語言即是身分認同的研究密切相關，例如臺灣（參看Martin, 1996）。即使跟客家族群沒有任何祖先關係，一旦嫁入客家家庭，她們會覺得融入了這個客家方言族群。這點再次強

調出婚姻對大富村客家女性的身分認同的建立產生強大的影響。如同我在本書中探討的，婚姻事實上是大富村客家女性的一種身分認同，以及與社群社會的結合，連結過去和現在的傳統。

　　總而言之，本書探討了位於馬來西亞砂拉越的一個華人客家社群如何維持它的文化認同。此研究結果與其他地方相類似，比如馬來西亞的蒲萊（Carstens, 2005）和香港（Constable, 1996），這兩個地方的當地歷史塑造了客家人的身分認同。透過婚姻儀式的探討，我發現自願移居和被迫遷村的集體認同（collective identity）強化了此文化認同。雖然在某些地方做了些適應現代的調整，但是大富村客家人依然遵循著華人婚姻六禮，我的研究結果和分析，明顯顯示出大富村將繼續遵守並維護婚姻儀式傳統。

致謝

　　這本書是從我的東京外語大學亞非語言文化研究所博士論文摘錄出來，我會為書中所有的想法及資料負責。在此，要向我的親友與師長致上十二萬分的感謝，因為他們的啟發與鼓勵才有本書的誕生。

　　首先，我要感謝我的恩師內堀基光老師，是他帶領我進入民族誌這個奇妙的領域，而領略人類學的奧妙。從我就讀一橋大學開始，到攻讀博士學位，內堀老師謙虛且腳踏實地的處世態度，讓我學到在民族誌這個研究領域，最重要的就是仔細體會人文與民族的內涵。此外，我要感謝另一位恩師三尾裕子老師。三尾老師對於台灣文化的研究，給了我研究砂拉越華人文化的靈感，我由衷地感謝一路以來老師對我的諄諄教誨。

　　我也非常感謝我在臺灣的同事們：張維安老師、張翰璧老師、林開忠老師以及蕭新煌老師。以上幾位老師，對我的研究工作有相當的啟發與指導，使我在努力尋求研究經費的同時，不致在客家研究的道路上半途而廢。在幾位老師的身上，我看到了真正的學者，對於學問永不倦怠的追求與熱情，使我獲益良多。另外，我要特別感謝我的好朋友徐歆怡小姐擔任我的聯絡人，對於本書能夠出版給了我莫大的幫助，也讓我感受到患難見真情。

　　感謝在砂拉越帶我走上客家文化研究之路的Jayl Langub先生及林煜堂博士從不間斷的指教。也要感謝砂拉越華族文化協會蔡雄基會長與蔡增聰主任的大力支持。

　　當然，我還要感謝我在日本川越的家人，尤其是お母さん對我的鼓勵，讓我可以勇敢地朝目標邁進。お父さん、杏奈、礼和創：謝謝你們總是為我加油，告訴我永遠不要放棄！

　　擁有照顧我、了解我的家人是我最大的福氣！我的父母、生對我的支持、鼓勵及信心，讓我從事研究工作多年來能夠全無後顧之憂。

或許因為工作的緣故，我並不是一個一百分的母親，但是父母及生對優希與優威無微不至的照顧，稍稍減少了我的歉疚，爸、媽、生，謝謝你們！

最後，我要由衷地感謝大富村的村民們，謝謝他們在我每次到訪時最溫暖的歡迎與幫助。特別感謝彭古魯溫民生及太太、已故的陳遠祥叔叔及太太的照顧。

謹以本書獻給砂拉越的每一位客家人，你們令我感到驕傲。

參考書目

Aguilar, John (1981), "Insider Research: An Ethnography of a Debate," in *Anthropologists at Home in North America*, ed. Donald Messerschmidt, pp. 15-26. Cambridge: Cambridge University Press.

Ahern, Emily (1975), "The Power and Pollution of Chinese Women," in *Women in Chinese Society*, eds. Margery Wolf & Roxane Witke, pp. 193-214. Stanford: Stanford University Press.

Anderson, J. A. R. (1980), *A Check List of the Trees of Sarawak*. DBP and Forest Dept. Sarawak.

Appadurai (1990), "Disjuncture and Difference in the Global Cultural Economy," *Public Culture* 2: 1-24.

Barth, Fredrik (1969), "Introduction," in *Ethnic Groups and Boundaries*, ed. Fredrik Barth, pp. 9-38. Boston: Little, Brown and Company.

Bourdieu, Pierre (1977), *Outline of a Theory of Practice*. Cambridge: University Cambridge Press.

Carstens, Sharon (2005), *Histories, Cultures, Identities: Studies in Malaysian Chinese Worlds*. Singapore: Singapore University Press.

Chai, Paul, and Jawa, Rantai (2007), *A New Check List of the Trees of Sarawak*. Lee Ming Press.

Chang, Wei An 張維安（2001），〈客家婦女地位──以閩南族群為對照的分析〉，頁79-109，曾彩金總編，《六堆客家社會文化發展與變遷之研究》。屏東：六堆文教基金會。

Chen, Chung-min (1985), "Dowry and Inheritance," in *The Chinese Family and Its Ritual Behaviour*, eds. Hsieh Jih-Chang & Chuang Ying-Chang, pp. 117-127. Institute of Ethnology, Academia Sinica.

Chew, Daniel (1990), *Chinese Pioneers on the Sarawak Frontier 1841-1941*. Singapore:

Oxford University Press.

Chin, John (1981), *The Sarawak Chinese*. Kuala Lumpur: Oxford University Press.

Chiu, Vermier (1966), *Marriage Laws and Customs of China*. Hong Kong Institute of Advanced Chinese Studies and Research, Chinese University of Hong Kong.

Chua Chong Siang (1996), *The Belief of Sarawak Chinese*. Sarawak Chinese Cultural Association.

Chuang, Ying-chang (1972), "Taiwan nung-ts'un chia-tsu tui hsien-tai-hua ti shih yin: I ko t'ien-yeh tiao-ch'a shih-li ti fen-his" (The adaptation of the family to modernization in rural Taiwan: Analysis of an example form fieldwork), in *Bulletin of the Institute of Ethnology, Academia Sinica,* 34: 85-98.

Chuang, Ying Chang 莊英章、Wu Ya Shi 武雅士（1993），〈臺灣北部閩、客婦女地位與生育率：一個理論假設的建構〉，頁97-112，莊英章、潘英海主編，《臺灣與福建社會文化研究論文集》。臺北：中央研究院民族學研究所。

Cohen, Abner (1969), *Customs and Politics in Urban Africa: A Study of Hausa Migrants in Yoruba Town.* Berkeley: University of California Press.

Cohen, Myron (1968), "The Hakka or 'Guest People': Dialect as a Sociocultural Variable in Southeastern China," *Ethnohistory* 15 (3): 237-292.

—— (1969), "Agnatic Kinship in South Taiwan," *Ethnohistory* 8 (2): 167-181.

—— (1970), "Developmental Process in the Chinese Domestic Group," in *Family and Kinship in Chinese Society*, ed. Maurice Freedman, pp. 21-36. Stanford: Stanford University Press.

—— (1976), *House United, House Divided: The Chinese Family in Taiwan.* Columbia University Press.

—— (1991), "Being Chinese: The Peripheralization of Traditional Identity," *Daedalus* 120(2): 113-134.

Constable, Nicole (1994), *Christian Souls and Chinese Spirits: A Hakka Community in Hong Kong.* Berkeley: University of California Press.

—— ed. (1996), *Guest People: Hakka Identity in China and Abroad.* Washington: University of Washington Press.

Cook-Sather, Alison (2006), "Newly Betwixt and Between: Revising Liminality in the Context of a Teacher Preparation Program," in *Anthropology and Education Quarterly*, Jun 2006, Vol. 37, Issue 2. pp. 110-127.

Copper, Gene (1998), "Life-cycle rituals in Dongyang County: time, affinity and exchange in rural China," in *Ethnology*, Fall 98, Vol. 37, Issue 4.

De Groot (1982), *The Religious System of China*, 6 volumes. Reprinted in Taipei: Southern Materials Center.

DeBernandi, Jean (1993), "The God of War and Vagabond Buddha," in *Chinese Beliefs and Practices in Southeast Asia*, ed. Cheu Hock Tong, pp. 143-164. Kuala Lumpur: Pelanduk Publications.

Diamond, Norma (1975), "Status of Women in Rural China," in *Toward an Anthropology of Women*, ed. Rayna Reiter, pp. 372-395. New York and London: Monthly Review Press.

Douglas, Mary (1966), *Purity and Danger – An Analysis of Concepts of Pollution and Taboo.* Routledge.

Erbaugh, Mary (1996), "The Hakka Paradox in the People's Republic of China: Exile, Eminence and Public Silence," in *Guest People: Hakka Identity in China and Abroad*, ed. Nicole Constable. Washington: University of Washington Press.

Fan, Kuang-Yu 范光宇(1960), "Studies on Maternal Activity and Agricultural Work of the Hakka Women in Rural Taiwan,"《臺灣醫學會雜誌》，59 (9): 162-175.

Freedman, Maurice (1957), *Chinese Family and Marriage in Singapore.* Colonial Research Studies no. 20.

—— (1958), *Lineage Organization in Southeastern China.* London: Athlone Press.

—— (1970), *Family and Kinship in Chinese Society.* Stanford: Stanford University Press.

—— (1979), *The Study of Chinese Society.* Stanford: Stanford University Press.

—— (1979), "Rites and Duties, or Chinese Marriage," in *The Study of Chinese Society: Essays by Maurice Freedman*, ed. William Skinner, pp. 334-350. California: Stanford University Press.

—— (1979 [1974]), " The Politics of an Old State: A View from the Chinese Lineage," in *The Study of Chinese Society: Essays by Maurice Freedman*, ed. William Skinner, pp. 334-350. Stanford: Stanford University Press.

Gallin, Bernard, and Gallin, Rita (1985), "Matrilateral and Affinal Relationships in Changing Chinese Society," in *The Chinese Family and Its Ritual Behaviour*, eds. Hsieh Jih-Chang & Chuang Ying-Chang, pp. 101-116. Institute of Ethnology, Academia Sinica.

Goody, Jack (1973), "Bridewealth and Dowry in Africa and Eurasia," in *Bridewealth and Dowry*, eds. Jack Goody and Stanley Tambiah, pp. 1-58. Cambridge: Cambridge University Press.

Haviland, William (2005), *Cultural Anthropology: The Human Challenge*. Wadsworth Thomson Learning.

Heidhues, Mary Somers (2003), *Golddiggers, Farmers and Traders in the "Chinese Districts" of West Kalimantan, Indonesia*. Ithaca: Cornell Southeast Asia Program Publications.

Horie, Shunichi (1981), "Taiwan Kanzoku no 'Kazoku' – jia ideology to jia shudan" (The family of Chinese in Taiwan – chia ideology and chia group), in *Minzokugaku-kenkyu (The Japanese Journal of Ethnology)* 46, no. 3: 299-314.

Hsieh, Jih-chang (1981), "Chung-kuo chia-tsu ti ting-i: ts'ung I ko Taiwan hsiang-ts'un t'an-ch'I" (The definition of the Chinese family: from the perspective of a rural village), in *Chung-kuo ti min-tsu, she hui yu wen-hua* (Chinese's people, society and culture), eds. Li Yih-yuan and Chiao Chian. Taipei: Shih-huo.

Johnson, Elizabeth (1996), "Hakka Villagers in a Hong Kong City: The Original People of Tsuen Wan," in *Guest People: Hakka Identity in China and Abroad*, ed. Nicole Constable, pp. 80-97. Washington: University of Washington Press.

Jones, Delmo (1970), "Towards a Native Anthropology," *Human Organization* 29: 251-259.

Kandiyoti, Deniz (1988), "Bargaining with Patriarchy," in *Gender & Society* 2, no. 2: 274-289.

Kleinman, Arthur (1980), *Patients and Healers in the Context of Culture: An Exploration of the Borderland between Anthropology, Medicine and Psychiatry.* Berkeley: University of California Press.

Kulp, Daniel Harrison (1925), *Country Life in South China.* New York City, Bureau of Publications: Teachers College, Columbia University.

Lang, Olga (1946), *Chinese Family and Society.* New Haven: Yale University Press.

Latreille, Martin, and Verdon, Michael (2007), "Wives against Mothers: Women's Power and Household Dynamics in Rural Tunisia," in *Journal of Family History*, Vol. 32, No. 1: 66-89.

Lee, Kam Hing, and Tan, Chee Beng, ed. (2000), *The Chinese in Malaysia.* Kuala Lumpur: Oxford University Press.

Lee, Siow Mong (1986), *Spectrum of Chinese Culture.* Kuala Lumpur: Pelanduk.

Lee, Yong Leng (1970), *Population and Settlement in Sarawak.* Singapore: Donald Moore.

Levy, Marion (1949), *The Family Revolution in Modern China.* Cambridge: Harvard University Press.

Luo, Xiang Lin 羅香林(1989), *A Study on the Origins of Hakka*《客家源流考》. Beijing: Zhongguo Huaqiao Chuban Gongsi.

—— 1979 (1933)，《客家研究導論》。臺北：古亭書屋。

Markstrom, Carol (1998), "The Ego Virtue of Fidelity as a Psychosocial Rites of Passage in the Transition from Adolescence to Adulthood," in *Journal of Child and Youth Care Forum*, October 1998. Vol. 27, Issue 5.

Martin, Howard (1996), "The Hakka Ethnic Movement in Taiwan, 1986-1991," in *Guest People: Hakka Identity in China and Abroad*, ed. Nicole Constable, pp. 176-

195. Washington: University of Washington Press.

Martinez, Dolores P., ed. (1998), *The Worlds of Japanese Popular Culture: Gender, Shifting Boundaries and Global Cultures*. Cambridge: Cambridge University Press.

Messerschmidt, Donald (1981), *On Anthropology at Home In North America: Methods and Issues in the Study of One's Own Society*, ed. D. Messerschmidt, pp. 1-14. Cambridge: Cambridge University Press.

Murphy, Eugene (2001), "Changes in Family and Marriage in a Yangzi Delta Farming Community, 1930-1990," in *Ethnology* Vol. 40, no. 3, pp. 213-235.

Narayan, Kirin (1993), "How Native is a "Native" Anthropologist?" in *American Anthropologist* 95, no. 3: 671-686.

Newell, William (1985), "Structural Conflicts Within the Chinese Family," in *The Chinese Family and Its Ritual Behaviour*, eds. Hsieh Jih-Chang & Chuang Ying-Chang, pp. 84-97. Institute of Ethnology, Academia Sinica.

Nyce, Ray, and Gordon, Shirlie, ed. (1973), *Chinese New Villages in Malaya: a Community Study*. Malaysian Sociological Research Institute Ltd.

Oxfeld, Ellen (1996), "Still 'Guest People': The Reproduction of Hakka Identity in Calcutta, India," in *Guest People: Hakka Identity in China and Abroad*, ed. Nicole Constable, pp. 149-175. Washington: University of Washington Press.

—— (2007), "Still Guest People: The Reproduction of Hakka Identity in Kolkata, Indian," *China Report* 43, 4, pp. 411-435.

Porritt, Vincent (2002), *Operation Hammer: Enforced Resettlement in Sarawak in 1965*. Hull: Centre for South East Asian Studies.

Sarawak Gazzette dated 31ˢᵗ March 1959.

Siburan District Office (2005), Unpublished data.

Skinner, William, ed. (1979), "Rites and Duties, or Chinese Marriage," in *The Study of Chinese Society: Essays by Maurice Freedman*, pp. 255-272. Stanford: Stanford University Press.

Srinivas, M. N., Shah, A. M., and Ramaswamy, E. A. (1979), *The Fieldworker and the*

Field: Problems and Challenges in Sociological Investigation. Delhi: Oxford University Press.

Statistics Department of Sarawak (2002), Statistics on Populations and Ethnic Groups.

—— (2003), Statistic on Populations and Ethnic Groups.

Statistic Department Malaysia (1991), Population Census.

—— (2000), *Population Distribution and Basic Demographic Characteristics, Population & Housing Census of Malaysia 2000*. Statistic Department Malaysia.

Tien, Ju Kang (1953), *The Chinese of Sarawak: A Study of Social Structure*. London: London School of Economics and Political Science.

Ting, Su Hie & Hung, Yu Ling (2008), "Mother and Mother Tongue: Their Role in Promoting Foochow to Their Children" (paper presented at the 6th International Malaysian Studies Conference, 2008).

Topley, Marjorie (1974), "Cosmic Antagonisms: A Mother-Child Syndrome," in *Religion and Ritual in Chinese Society*, ed. Arthur Wolf, pp. 233-249. Stanford: Stanford University Press.

Turner, Victor (1969), "Liminality and Communitas," in *Ritual Process: Structure and Antistructure*, pp. 94-130.Walter de Gruyer Inc.

—— (1981), "Social Dramas and Stories about Them," in *On Narrative*, ed. W. Mitchell, pp. 137-164. Chicago: University of Chicago Press.

—— (1987), "The liminal period in rites of passage," in *Betwixt and between: Patterns of masculine and feminine iniatiation*, eds. L. Mahdi, S. Foster & M. Little, pp. 3-19. La Salle, IL: Open Court Publishing.

Uchida, Tomoo (1956), *Chugoku Noson no Bunke Seido* (The family division system in Chinese peasant villages). Tokyo: Iwanami.

Ueno, Hiroko 植野弘子（2000），《台湾漢民族の姻戚》（*Affinal Kins among Han Ethnic in Taiwan*）。東京都：風響社。

Van Gennep, Arnold (1960), *The Rites of Passage,* trans. M. Vizedom & G. Caffee. University of Chicago Press. (Original work published 1908)

Wadley, Reed L. (1999), "Disrespecting the Dead and the Living: Iban Ancestor Worship and the Violation of Mourning Taboos," in *Journal of Royal Anthropological Institute*.Vol. 5, pp. 595-610.

Wang, Sung-hsing (1985), "On the Household and Family in Chinese Society," in *The Chinese Family and Its Ritual Behaviour*, eds. Hsieh Jih-Chang & Chuang Ying-Chang, pp. 50-58. Institute of Ethnology, Academia Sinica.

Wolf, Arthur, ed. (1974), *Religion and Ritual in Chinese Society*. Stanford: Stanford University Press.

Wolf, Margery (1968), *The House of Lim: A Study of A Chinese Farm Family*. New York: Prentice Hall.

—— (1972), *Women and the Family in Rural Taiwan*. Stanford: Stanford University Press.

—— (1985), *Revolution Postponed: Women in Contemporary China*. Stanford: Stanford University Press.

—— (1990), "The Woman Who Didn't Become a Shaman," *American Ethnologist* 17 (3): 419-430.

—— (1992), *A Thrice Told Tale: Feminism, Postmodernism and Ethnographic Responsibility*. Stanford: Stanford University Press.

Yan, Yun-xiang (1996), *The Flow of Gifts: Reciprocity and Social Networks in a Chinese Village*. Stanford: Stanford University Press.

Yao, Esther Shu-shin Lee (1983), *Chinese Women: Past and Present*. Texas: Ide House.

Yong, Kee Howe (2006), "Silences in History and Nation-state: Reluctant Accounts of the Cold War in Sarawak," *American Ethnologist*, Vol. 33, No. 3: 462-473.

Zhang, Weiguo (2009), "A Married Out Daughter Is Like Spilt Water? Women's Increasing Contacts and Enhanced Ties with Their Natal Families in Post-Reform Rural North China," *Modern China*, Vol. 35, No. 3, pp. 256-283.

附錄一

Case No.	Household no.	Surname (age)		Family type Elementary/Stem/Grand (generations)	No of members in family	Connected to Household no.	Lane no.	Relationship
F1	House no. 4 (shop)	Chai	38	Stem (3)	7 (2-2-3)	10	1	Elder brother
		Wife – Lee[63]	34			131	2	Niece
F2	House no. 280 Lane 5	Liew	41	Stem (3)	9 (2-5-2)	-	-	-
		Wife - Chai	42			12	1	Elder brother
						172	3	Elder sister
F3	House no. 193 Lane 3	Chong	30	Stem (3)	9 (2-4-3)	543	1C	Younger brother
F4	House no. 23 Lane 1	Liew	53	Elementary (2)	6 (2-4)	30		Elder brother
						370		Elder brother
						332	1	Younger sister
						582	1	Younger sister
						258		Younger sister

63 Marriage at the age of 25. She is from Sri Aman. She has 2 younger brothers and a younger sister who are all in Sri Aman. Her father is from Sri Aman while her mother is from 24th mile. She's from a farming family. She was introduced by her maternal aunt to her husband. Her niece, daughter of her younger brother is married to a villager at No. 131, Lrg 2. The unique thing about this couple is that both husband and wife have high education background (completed university level). Has 2 daughter and 1 son.

Family	House	Name	Age	Family/Education	Children	No.	Count	Sibling
F32	House no. 30 Lane 1	Liew	56	Stem (3)	9 (2-2-5)	23		Younger brother
						370	6	Younger brother
						332	4	Younger sister
						582	5	Younger sister
						258	1C	Younger sister
		Wife - Chung	34			585	1C	Elder sister
						587	1C	Elder sister
		Bong	41			-	-	-
F14***	House no. 258 Lane 4	Wife - Liew	38	Elementary (2)	5 (2-3)	23		Elder brother
						30		Elder brother
						370		Elder brother
						332		Younger sister
						582		Younger sister
F31	House no. 587 Lane 1C	Chong	42	Elementary (2)	5 (2-3)	-	-	-
		Wife - Chung	36			30	1	Younger sister
						585	1C	Elder sister
F5	House no. 5 Lane 1	Jong	28	Elementary (2)	5 (2-3)	367	6	Sisters (3)
F6	House no. 180 Lane 3	Jong	43	Elementary (2)	5 (2-3)	204	3	Elder brother
						368	6	Younger brother

ID	House	Name	Age	Type	Composition	No.	No.	Relationships
F51	House no. 368 Lane 6	Jong	31	Stem (3) *Youngest son. Problems with eldest daughter-in-law so both parents move in to youngest son's house.	7 (2-2-3)	185 / 204	1 / 1	Elder brother / *Family house / Elder brother
		Wife - Chin	31			309	2	Younger brother 1, younger sisters 2, parents. *Family House.
F7	House no. 261 Lane 4	Yew	36			-	-	-
		Wife - Choo	34	Stem (3)	6 (2-2-2)	15	1	Elder sister
F8	House no. 99 Lane 2	Lai	37	Stem (3)	15 (2-6-8) Family House	-	-	-
F46	House no. 423 Lane 1A	Yong	35	Grand (3) 2 units + mother. Yong is the second son. Family House	12 (1-4-7)	19 / 99	1 / 2	Elder sister / Elder sister
F9	House no. 108 Lane 2	Jong	45	Fraternal joint (2) parents dead, 3 units (Jong is the youngest of 3 sons)	13 (6-7) Family House	-	-	-
		Wife-Chung	42			104 / 103	2 / 2	Elder brother / Younger brother
F10	House no. 228 Lane 4	Chen	43	Elementary (2)	4 (2-2)	7 / 230	1 / 4	Elder sister / Younger brother

Family	House no.	Name	Age	Household type	Size	No.		Relationship
F11	House no. 26 Lane 1	Phang	52	Fraternal joint (2) parents dead, 3 units +1 unmarried sibling (Phang is the eldest son)	16 (7-9)	59	2	Elder sister
		Wife - Lee	49			137	3	Elder sister
						212	4	Elder sister
F12	House no. 25 Lane 5	Fu	38	Elementary (2)	7 (2-5)	24	1	Siblings (3)
F21	House no. 24 Lane 1	Chin	44	Stem (3)	8 (1-2-5)	14	1	Brothers* moved a few doors away; partition
F13	House no. 417A Lane 3	Phang	29	Grand (3) 1 parent dead, 2 units + 1 unmarried sibling (Phang is the second son)	10 (1-5-4) Family House	-	-	-
		Wife - Kwang	26			415	3B	Elder brother
F15	House no. 134A Lane 3	Chai	45	Elementary (2)	5 (2-3)	134	3	Younger brother
		Wife - Bong	40			87	2	Elder brother
						197	3	Elder brothers (2)
						549	1C	Elder sister

ID	House	Name	Age	Family				Relatives
F16	House no. 223 Lane 4	Chai	48	Grand (3) 1 parent dead, 3 units + 4 unmarried siblings (Chai is the second son)	19 (1-10-8) Family House	-	-	-
F17	House no. 285 Lane 5	Tien	56	Elementary (2)	4 (2-2)	279	5	Elder sister
F18	House no. 33 Lane 1	Liew	44	Grand (3) 2 units (Liew is the second son)	13 (2-4-7) Family House	-	-	-
		Wife -Phang	40	*natal family just next door		34	1B	Brothers (2)
F19	House no. 253 Lane 4	Then	44	Stem (3)	8 (2-2-4)	21	1	Younger sister
F20	House no. 380 Lane 1	Then	35	Grand (3) 3 units + 1 unmarried sibling (Then is the eldest)	14 (2-7-5) Family House	-	-	-
F22	House no. 404 Lane 5	Bong	45	Grand (3) 2 units (Bong is the eldest son)	11 (4-7)	135 416 310	3 3B 5	Elder sister Elder brothers Younger brother (parents also live here)

No.	House	Person	Age	Household type	Household size			Relatives
F29	House no. 310 Lane 5	Bong	32	Stem (3)	7 (2-2-3) *Parents staying with him. He is the youngest son. The house is new and recently renovated.	135 / 404 / 416	3 / 1C / 3B	Elder sister / Elder brother (2 units) / Elder brothers
F23	House no. 207A Lane 4	Chong	52	Elementary (2)	5 (2-3)	207 / 80	4 / 2	Younger brothers / Younger sister
		Wife - Chung	50			223	4	Younger brother (Family house)
F38	House no. 207 Lane 4	Chong	43	Grand (3) 3 units with one unit brother died.	14 (1-5-8)	207A / 80	4 / 2	Elder brother / Elder sister
		Wife - Ng	40	Chong the second son. Mother alive. Family house.		20	1	Younger sister
F24	House no. 33 Lane 1	Bong	42	Stem (3) 1 unmarried sister	9 (2-3-4)			-
		Wife - Yong	35	*3 younger brothers + 1 younger sister all elsewhere		186	3	2 elder brothers, 1 elder sister (Family house)

ID	House	Name	Age	Household type	Unit	No.	No.	Relationship
F25	House no. 47 Lane 2	Chong	37		12 (2-4-6)	204	3	Elder sister
		Wife – Then	35	Grand (3) 2 units	Family House	412	3A	Elder sister
F26	House no. 58 Lane 2	Too	35	Elementary (2)	6(2-4)	347	6	Younger brothers 3, younger sister 1 (Family house)
F27	House no. 171 Lane 3	Chow	43	Elementary (2)	7 (2-5)	-	-	-
F28	House no. 5 Lane 1	Jong	28	Elementary (2)	5 (2-3)	367	6	Elder sister
F30	House no. 301 Lane 5	Chong	43	Stem (3)	5 (1-2-2)	355	6	Elder sister
F33	House no. 22 Lane 1	Bong	39	Stem (3)	8 (2-4-2)	14 580		Elder sister Elder sister
F34	House no. 254 Lane 4	Chong	46	Elementary (2)	6 (2-4)	88 243 254A		Elder sister Elder sister Elder brother *Family house right next door

	House	Person	Age	Household type	Size	House no.	No.	Relations
F35	House no. 200 Lane 3	Chai (dead) Wife – Too	(48) 38	Grand (3) (Family house) 2 units	12 (2-3-7)	- 139 140	- 3 3	- Elder brother Elder brother
F36	House no. 124 Lane 2	Koo	49	Stem (3) (Koo is the third son, mother staying here) (Family house)	7 (1-2-4)	115 124B	2 2	Elder sister Younger brother
F37	House no. 119 Lane 2	Yong Wife – Bong (Child taken care by own mother. Mother-in-law passed away 5 years ago. Only father-in-law left.)	38 34	Stem (3) (Father still alive. Family house)	7 (1-2-4)	- 235	- 4	- *Family house 1 younger brother, 4 younger sisters, parents *Family house
F39	House no. 36 Lane	Thian	40	Grand (2) 2 units + 1 unmarried younger sister. Tien is the third son. Parents stay at younger brothers' house.	19 (5-12)	263	4	Younger brothers 2 *Parents stay here.

ID	House no.	Name	Age	Household type	Composition			Notes
F40	House no. 348 Lane 6	Lee	37	Stem (2)	4 (2-2)	-	-	*Parents in Serian with 2 brothers. Originally from Serian. Wife from 7th Mile. Applied for house lot.
F41	House no. 297B Lane 5	Tien	38	Stem (2)	7 (3-4) * Elder unmarried sister staying with his family.	295	5	Elder brother 1, younger brother 1, mother. Father passed away. *Family house.
		Wife - Jiew	34			346	6	Elder brother
						88	2	Younger brothers 2, younger sisters 2, parents * Family house
F42	House no. 165A Lane 3	Chong	44	Stem (3)	6 (1-2-3)* Mother alive.	164	3	Elder sister
		Wife - Phang	29			165	3	Elder brother
						418	3B	Elder brother, younger brother, younger sister, parents * Family house

ID	House	Name	Age	Household type	Notes	No.	Count	Relatives
F43	House no. 220 Lane 4	Phang	44	Stem (3)		394 576	1 1C	Elder brother *family house Elder brother
		Wife - Ku	35		6 (1-2-3) *Mother alive.	355	6	Elder brothers 2, younger sister 1, Family house
F44	House no. 90A Lane 2	Liew	43	Stem (3)	6 (1-2-3)* Father alive.			
F45	House no. 86 Lane 2	Tien	51	Stem (3)	8 (1-3-4) * Mother alive. Younger single sister stay. (Family House) 2 brothers in Singapore.			
F47	House no. 85 Lane 2	Thian	43	Grand (3) 1 unit + 1 unmarried younger brother + 1 unmarried younger sister		85B	2	Younger brother
		Wife – Chai *Indonesian Chinese	37		11 (2-4-5)			

		Name	Age	Household					Relationship
F48	House no. 89 Lane 2	Jee	41	Stem (3) * Parents from Engkilili. 2 younger brothers, 1 younger sister all working in Singapore. 2 elder sisters married to Brunei.		-	-		-
		Wife - Jong	27	7 (2-2-3)		4 126 354	1 6		Elder brothers 2* Family house Elder sister Elder sister
F49	House no. 199 Lane 3	Liew	34	Grand (3) 2 units. Liew is the youngest son.	11 (2-4-5)	551	1C		Elder sister
F50	House no. 124 Lane 2	Koo	49	Stem (3) Father alive. *Family house	6 (1-2-3)	115 124B	2 2		Younger brother Younger sister

附錄二

All vernacular terms, unless otherwise indicated in parentheses or footnotes, are written in Romanized form according to the Hakka pronunciation. Terms in Bahasa Melayu or local non-Chinese dialects are written in italic forms.

The Chinese characters used in this thesis are based on Maciver, D. (1905) Chinese-English Hakka Dialect Dictionary (Kwang Tung province). Revised by Mackenzie M. C. (1926). Taipei: SMC Publishing Co. Below are the list of the characters:

(Note: 'M' denotes Mandarin pronunciation)

Some phrase, after consultation with Hakka linguists at Traffic University of Taiwan in July 2009, could not be written in Chinese characters based on the Hakka intonations. They are marked with '*' here.

Text / Phrase in thesis	English Translation
A Mà 阿媽	Grandmother
A Me 阿姆	Mother
A Mòi 阿妹	Daughter/younger sister
A Pa 阿爸	Father
A Só 阿嫂	Sister-in-law
ân chhong 安床	fixing the bed
Chang San Feng 張三豐	A Chinese hero
Chhâu chiu ló 潮洲佬	Teochiews
chhung 沖	clash
chhut mún 出門	leaving the house
chiam tshù 簽字	signing of marriage contract
chin ching 親情 (M)	relatedness
ching 情 (M)	feeling
fam 犯	offend

fan nyîn 番人	Malays
fáng 房 ('fông' in Hakka)	conjugal family
fó lù 火爐	fire pot
fù dé 婦德 (M)	female's behaviour
fù gōng 婦工 (M)	female's work
fù róng 婦容 (M)	female's moods
fù yán 婦言 (M)	female's speech
Fuk chiu ló 福州佬	Foochows
fûng chí 紅紙	red paper
fûng pau 紅包	red packet
fûng sù 紅事	red matter
hó miàng phô 好命婆	lady of good fortune
hūa yǔ 華語 (M)	Mandarin
jen-ching 人情 (M)	good will
Jiā 家('ka' in Hakka)	family
ji ka nyîn 自家人	members of own family
kan ching 感情 (M)	sentiment
* kau sim khiu ('kau'= 交; no Chinese character in Hakka dictionary for the phrase 'sim khiu')	receiving a daughter-in-law
kèjiā rén 客家人 (M)	Hakka people
kèjiā 客家 (M)	Hakkas
khak nyîn 客人	Hakkas
khiu tsái 舅仔	Younger brother of bride
kim phân 金盤	gold tray
kó kwùi 高貴	upscale, elegant
kòng thêu 降頭	Black magic
Ku phô 姑婆	Paternal grand aunt
Kwon Yim Nyông Nyông 觀音娘娘	Goddess of Mercy

kwúi 鬼	ghost
là sap shin 垃圾身	dirty/ polluted body
là sap tung-si 垃圾東西	Dirty things
la tsú 垃子 or la 垃	indigenous Dayak
ló 佬	fellows
lók mún 進門	arriving at the house
Lók thûng 落童	Medium
mài mòi 賣妹	marrying off a daughter
* mâng (No Chinese character available for this Hakka word)	not yet
mat tô 抹到	polluted
mat tsháu 抹草	leave used to rid pollution
mô kaù chàu 沒教招	no proper manners
môi nyîn 媒人	Matchmaker
mòi 妹	daughter/younger sister
ngòi siàng 外姓	exo-surname
Nyì Jì Chhong 二姨丈	Second maternal aunty's husband
Nyì Jì 二姨	Second maternal aunty
Nyì Khiu 二舅	Second maternal uncle
nyì ko 二哥	Second elder brother
Nyì Pak Me 二伯姆	Second paternal uncle's wife
Nyì Pak 二伯	Second paternal uncle
nyì ship jit ki 21哩	twenty first mile
nyì ship nyì ki pàn 22哩半	twenty second and a half mile
pàn kung mâ 半公嬤	Half female half male
pat tshù 八字	horoscopic data
phàk sù 白事	white matter
phìn kim 聘金	bride price
phû 符	talisman

pui 杯	two silver clams-like ornaments tied with red string
ren 人 (M)	People
Sam Khiu Me 三舅姆	Third maternal uncle's wife
Sam Khiu 三舅	Third maternal uncle
sān cóng sì dé 三從四德(M)	Three Obediences, Four Virtues
san ló chú 山老鼠	mountain rat (synonym for communist)
San Mu Nyông Nyông 山母娘娘	Mother of the Mountain
sàn 扇	fan
sat 煞	force
Sè Jì Chhong 小姨丈	Youngest maternal aunty's husband
Sè Jì 小姨	Youngest maternal aunty
Sè Ku Chhong 小姑丈	Youngest paternal aunty's husband
Sè Ku 小姑	Youngest paternal aunty
Sè Shuk Me 小叔姆	Youngest paternal uncle's wife
Sè Shuk 小叔	Youngest paternal uncle
seu la la (localized term - no characters available)	distant relative
shám 閃	avoid
Shin Shen 新生(actual Pinyin pronunciation is Xīn Shēng)	New Life
ship tshit ki 17哩	17th mile
Sì Khiu Me 四舅姆	Fourth maternal uncle's wife
sí nyîn sat 死人煞	Dead man's force
Sì Shuk Me 四叔姆	Fourth paternal uncle's wife
Sì Shuk 四叔	Fourth uncle
sin nyông chha 新娘車	bridal car
sin nyông sat 新娘煞	bride's force
sin nyông 新娘	bride
Sin tung 神童 (M)	Spirit medium

siong chhung 相冲	incompatible horoscopic data
Sùng Nyit Tsú 送日子	Presentation of Marriage Date
tài 帶	bring/guide
Tang ki 童乩 (H)	Spirit medium
Thài Khiu Me 大舅姆	Elder maternal uncle's wife
Thài Khiu 大舅	Eldest maternal uncle
Thài Ko 大哥	Elder brother
Thài Ku Chhong 大姑丈	Eldest paternal aunty's husband
Thài Ku 大姑	Eldest paternal aunty
Thài Mòi 大妹	The eldest of younger sister
Thài Pak Kung 大伯公	God of Earth
Thài Pak Me 大伯姆	Eldest paternal uncle's wife
Thài Pak 大伯	Eldest paternal uncle
Thài Tsiá 大姐	Eldest sister
thêu sa 頭紗	headgear
thì tshin 提親	marriage proposal
Thien Kung 天公	God of Heaven
Thoi Shîn 胎神	Spirit of the Foetus
thoi 胎	foetus
thung shu 通書	book of dates with details of auspiciousness and vice versa
thûng 童	child
tiàu fûng pù 吊紅布	hanging a red cloth
tshin ka 親家	affinal kins
vuk ka nyîn 屋下人	those living under the same house
vuk ka 屋下	under the house
wèi jià cóng fù, jì jià cóng fū, fū sǐ cóng zǐ 未嫁從父，既嫁從夫，夫死從子 (M)	Obey your father before you are married, your husband when married, and your son upon the death of your husband.
yu shin 有身	pregnant

"*Yî tsùi thài. Kim nyit mak kài nyîn to kiang yî, chhû liáu kài Thien Kung*" 佢最大。今日乜個人都驚佢,除了個天公	"She (the 'sin nyông') is the biggest. Today everyone is afraid of her, except the God of Heaven"
"*ket fun liáu mô?*" 結婚了嗎?	"Are you married?"
"*ket liáu*" 結了	"Already married"
"*mô kho nyén, chok ma kài sin sam?*" 沒過年著什麼新衫?	"Why wear new clothes when there is no new year?"
"*Mui nyit khòn tàu chu nyuk*" 每日看到豬肉	"Always I see pork"
"*Shong yu lûi kung, ha yu me khiu*" 上有雷公,下有姆舅	"Above there is thunder, below there is maternal uncle"
"*Sin nyông ket fun yî tsùi thài*" 新娘結婚,佢最大	"Bride getting married, she is the most powerful"
"*Yî ket fun yî tsùi thài, le sa to kiang yî*" 佢結婚佢最大,誰都驚佢	'She is the most powerful on her wedding day. Everyone fears her"
"*Yu lôi yu hì*" 有來有去	"What we receive, we also give back"

附錄三

Chants used in ancestor worship during a wedding ceremony of a specific study of a bride who was getting married and soon, to move to Singapore after that

I recorded the chants uttered by the medium when he was performing the ancestor worship rituals during a wedding ceremony. They are arranged in sequence of order during the ritual.

一拜天地，

Firstly, pay respect to heaven and earth,

二拜上祖公嬤、太公、太嬤，

Secondly, pay respect to the great ancestors, great great grandfather and great great grandmother,

三拜家門大小，

Thirdly paying respect to young and old of the family,

方方保佑，出門大男小女，相愛到白頭，

Blessing from all, for the young daughter going out the door, may they love until old age,

方方保佑，當天拜祖公嬤。

Blessing from all, Today is the day to worship the ancestors.

公太，嬤太，方方保佑，大事化小事，小事化無，方方保佑。

Great grandfather, great grandmother, blessing from all. May the big matters be dissolved to small matters, small matters dissolved to no matter. Blessings from all.

上香，插香 (Presenting of joss sticks and then placed into the pot)

Instructions are given to the ones paying respect to the ancestors.

上祖十四世祖張某某太公，蔡媽嬤太夫人，

Great ancestor of 14th generation great great great grandfather Chong, great great great grandmother Chai,

上祖十五世祖張某某太公，劉氏太夫人，

Great ancestor of 15th generation great great great grandfather Chong, great great great grandmother Liew,

十六世祖張某某，等等。

16th generation ancestor Chong, etc.

請來各位大事化小事，小事化無，方方保佑，如是到齊桌上擺。

Pleased to invite all. May the big matters be dissolved to small matters, small matters dissolved to no matter. Blessings from all. If all have arrived, everything is on the table (everything on the table is for you).

有清茶清香三牲酒禮，伯公備有五齋五果，金銀紙各一條。

There are pure tea, pure incense, three types of sacrifices, liquor, gifts. For earth god, there are five vegetarian foods, five kinds of fruit, gold silver paper money of one bundle.

在場上大男小女嫁去新加坡，就是嫁豬隨豬，嫁狗隨狗。

At presence is the young daughter who's marrying to Singapore. Marrying pig follows the pig ways, marrying dog follows the dog ways.

今日八月初九，在桌上有清茶清香竹，金銀紙各一條作為路錢，如有不周，莫莫為怪得。方方保佑。

Today is the 9th day of the 8th month. On the table there are pure tea, pure incense, gold silver money each of a bundle for travel money. If anything is missing, please do not blame. Blessings from all.

敬酒 (Present liquor)

上祖太公，太嬤，公太，嬤太，少少金銀寶作路錢，路費。

Great great grandfather, great great grandmother, great grandfather, great grandmother, a little bit of gold, silver money for travel money, travel expenses.

當把桌上祭品擺轉一下 (Turn around the gifts on the table)

Instructions given to the ones paying respect to the ancestors.

拜伯公、伯婆。

Respect to the god of earth, goddess of earth.

投杯 (Throw 'pui') The medium throws the 'pui'.

（紅布掛上門）(Hanging up the red cloth at main door). This is done at this juncture of the ancestor worship by the family of the bride-to-be.

三孫三seik請來東西南北上祖保佑。

The third generations of grandchildren, great grandchildren invite ancestors of all four directions to give their blessings.

保佑一家大男小女大開捨門，有災化災，有難化難，招財進寶，添丁添福。老的添福壽，年輕添丁又添財。財丁兩旺，唸書的做狀元考到好成績。

Bless the family, old and young. Do give your kindness. If there are disasters, may they be dissolved, if there are difficulties, may they be dissolved.

May there be prosperity and wealth. May there be descendants to add happiness. For the old may there be added longevity. For the young may there be descendants and wealth, may they have both goodness. For those studying may they be good scholars with good results.

方方保佑，大事化小事，小事化無。

Blessings from all. May the big matters be dissolved to small matters. Small matters dissolved to no matter.

投杯 (Throw 'pui') The medium throws the 'pui'.

方方保佑，大財小財都是利是，多賣馬同騎。

Blessings from all. Large fortunes, small fortunes are all good.

方方保佑，家庭大男小女出門順利，富富貴貴，方方保佑。

Blessings from all. May the old and young in the family have smooth journeys. May there be prosperity and wealth. Blessings from all.

金紙，銀紙，寶錠化為路錢。

The gold money, silver money be your travel expenses.

順，順，順。

May it be smooth, smooth, smooth.

* At this juncture, the medium throw the 'pui' once more as the previous one was not very good.

太公，太嬤在太巴村，金銀紙寶不知多少，

Great ancestors in the village, there are so much gold, silver money,

要保佑家人，大男小女出入平安。

Do bless the family. May the old and young be blessed with safety.

保佑大事化小事，小事化無。老的添福添壽，後生添財又添丁，財丁兩富，財丁兩旺。

May the big matters be dissolved to small matters. Small matters dissolved to no matter. For the old may there be added happiness and longevity. For the young may there be descendant and wealth. Both descendants and wealth are wealth. Both descendant and wealth are prosperity.

請土地公，土地爺，伯公，伯婆載太公，太嬤三魂七魄離開大巴村。

Invite the gods of earth, goddess of earth to bring great ancestors' three souls, seven spirits to leave the village.

各離千里，東來東轉，西來西轉。

All go in their directions. Coming from the east, going back to the east. Coming from the west, going back to the west.

有家回家，有墓回墓，有塚回塚，有舍回舍，無塚無舍回天門。

Those with house, go back to house. Those with tomb, go back to tomb. Those with grave, go back to grave. Those without grave or tomb, go back to heaven's door.

歡喜大事化小事，小事化無，要有不周，莫莫為怪得，方方保佑。

May the big matters be dissolved to small matters. Small matters dissolved to no matter. If anything is missing, please do not blame. Blessings from all.

三牧酒水在桌上，方方保佑，大事化小事，小事化無。伯公，伯婆回去。

All three kinds of alcoholic drinks on the table. Blessings from all. May the big matters be dissolved to small matters. Small matters dissolved to no matter. God of earth, goddess of earth, go back.

投杯 (Throw 'pui') The medium throws the 'pui'.

向天焚香，爆竹燒銀紙。

The medium burns some incense for heaven. Firecracker is lit and paper money is burned.

國家圖書館出版品預行編目（CIP）資料

「舊」娘？「新」娘？：馬來西亞砂拉越州客家社群的
婚姻儀式及女性 / 蔡靜芬著． -- 初版． -- 桃園縣中壢
市：中央大學出版中心；臺北市：遠流，2013.12
　　面；　公分
　　ISBN 978-986-03-9170-1（平裝）

　　1. 客家　2. 婚姻習俗　3. 馬來西亞

536.211　　　　　　　　　　　　　　　102024206

「舊」娘？「新」娘？
馬來西亞砂拉越州客家社群的婚姻儀式及女性

著者：蔡靜芬
執行編輯：許家泰
編輯協力：簡玉欣

出版單位：國立中央大學出版中心
　　　　　桃園市中壢區中大路 300 號

　　　　　遠流出版事業股份有限公司
　　　　　台北市南昌路二段 81 號 6 樓

發行單位／展售處：遠流出版事業股份有限公司
地址：台北市南昌路二段 81 號 6 樓
電話：(02) 23926899　傳真：(02) 23926658
劃撥帳號：0189456-1

著作權顧問：蕭雄淋律師
2013 年 12 月　初版一刷
2018 年 6 月　初版二刷
售價：新台幣 300 元

YL 遠流博識網　http://www.ylib.com　E-mail: ylib@ylib.com